Goldstadt-Ferienreiseführer
Island
Klaus Bötig

Goldstadt-Reiseführer
Band 4043

Island

Stadtführer Reykjavik
Hochlandtouren
Orts- und
Landschaftsbeschreibungen

Klaus Bötig

42 Fotos
2 Übersichtspläne
5 Skizzen
3 Stadtpläne

GOLDSTADTVERLAG PFORZHEIM

Titelbild: Der Strokkur im Haukadalur (D. Bergmann)

Für die Anfertigung der Skizzen danke ich Carola Bötig. Die Fotos stellten freundlicherweise zur Verfügung: Dieter Bergmann, Hermann Sigtryggson, Sigurgeir Thórdarson und der Verfasser.

ISBN 3-87269-043-4

© 1973 Goldstadtverlag Pforzheim
5. Auflage 1981

Nachdruck, auch auszugsweise, nur mit Genehmigung des Verlages
Herstellung: Karl A. Schäfer, Buch- und Offsetdruckerei, Pforzheim
Vertrieb: GeoCenter, Internationales Landkartenhaus, Stuttgart-München

INHALTSVERZEICHNIS

A. Zur Einführung

7	1. Geographie
14	2. Klima und Reisezeit
15	3. Tier- und Pflanzenwelt
18	4. Geschichte
22	5. Die Welt der Sagas
25	6. Literatur, Kunst und Musik
27	7. Das tägliche Brot

B. Reykjavík

33	Die nördlichste Hauptstadt der Welt

C. Streckenbeschreibungen

Rund um die Insel

50	1. Reykjavík — Núpsstadur — Skaftafell
58	2. Reykjavík — Akureyri
64	3. Akureyri — Mývatn
66	4. Mývatn — Lögurinn
68	5. Lögurinn — Höfn — Skaftafell

Im Süden des Landes

71	6. Skálholt — Thjórsárdalur — Búrfell
76	7. Reykjavík — Thingvellir — Geysir — Gullfoss
78	8. Reykjavík — Halbinsel Reykjanes — Reykjavík
81	9. Im Borgarfjördur-Bezirk
84	10. Rund um die Halbinsel Snaefellsnes

Im Nordwesten des Landes

86	11. Brú — Hólmavík — Króksfjardarnes
89	12. Króksfjardarnes — Baeir
90	13. Isafjördur — Patreksfjördur — Dalsmynni

Im Norden des Landes

- 93   14. Varmahlíd — Siglufjördur — Akureyri
- 94   15. Halbinsel Tjörnes — Ásbyrgi — Dettifoss
- 98   16. Akureyri — Eyjafjördur-Tal — Akureyri

Im Osten des Landes

- 100   17. Egilsstadir — Seydisfjördur

Im Hochland

- 101   18. Durch das Kaldidalur
- 102   19. Arnarvatnsheidi-Route
- 104   20. Gullfoss — Nordisland (Kjalvegur)
- 108   21. In die Landmannalaugur und zur Eldgjá
- 111   22. Thórsmörk
- 111   23. Sprengisandur-Route
- 113   24. Zur Lakagígar
- 114   25. Zur Askja

D. Orts- und Landschaftsbeschreibungen

- 117   Des Touristen Island von A — W

E. Ein Tourist auf Island

- 174   1. Die Sprache
- 177   2. Die Unterkunft
- 181   3. Vom Essen und Trinken
- 184   4. Sport und Unterhaltung
- 186   5. Die Anreise
- 192   6. Unterwegs auf Island
- 202   7. Währung und Preise

Anhang

- 206   Kleine Literaturhinweise
- 208   Hotelverzeichnis
- 212   Ortsregister
- 216   Index zu Teil E

A
ZUR EINFÜHRUNG

1. Geographie

Island ist mit einer Fläche von 103 100 qkm die zweitgrößte Insel Europas. Sie liegt im Nordatlantik zwischen 63° 30' — 66° 33' nördlicher Breite und 13° 30' — 24° 32' westlicher Länge. Ihre größte Ausdehnung beträgt in Nord-Süd Richtung 300 km, in Ost-West Richtung 500 km. Die Küsten haben einen Umfang von etwa 6 000 km.

Die Hauptstadt des Landes, Reykjavík, liegt ungefähr auf der gleichen Höhe wie Trondheim in Mittel-Norwegen oder Fairbanks in Alaska. Wer von Frankfurt aus nach Reykjavík fliegt, legt eine Strecke zurück, die der nach Casablanca oder Hammerfest entspricht: 3 000 km.

Auch die **Entfernungen** zu den nächsten Küsten sollen erwähnt werden, haben sie doch wesentlich zur langen Isolation der Insel beigetragen. Nach Norwegen sind es 970 km übers Nordmeer, nach Schottland 798 km. Nur das unwirtliche Grönland liegt mit 287 km näher.

Ganz Island wird von nur **230 000 Menschen** bewohnt, von denen die Hälfte im Gebiet der Hauptstadt lebt, so daß für das übrige Land statistisch nur 1 Einwohner/qkm verbleibt. In der Bundesrepublik sind es weit über 250.

Doch lassen Klima und **Bodenbeschaffenheit** keine dichtere Besiedlung zu. Gletscher, Vulkane und steinige Einöden beherrschen das Landschaftsbild; nur im Süden und an der Küste ist der Boden wenigstens so fruchtbar, daß Gras darauf gedeihen kann. Vielleicht machen gerade diese karge Landschaft und die Möglichkeit, einsame und so gut wie unberührte Fleckchen Erde finden zu können, den besonderen Reiz einer Islandfahrt aus.

Schauen wir uns die Herren über die Insel — Vulkane und Gletscher — doch einmal etwas genauer an!

Entstehungsgeschichte

Island entstand erst vor etwa 60 Millionen Jahren, ist also, wenn man die Maßstäbe der Erdzeitalter anlegt, sehr jung. Damals sahen Kontinente und Meere noch anders aus als heute, und Island war möglicherweise Teil einer gewaltigen Landbrücke zwischen Schottland und Grönland. Wenn dem so ist, ließe sich die heutige Insellage so erklären: tektonische Vorgänge zerstörten die Verbindung, nur einige wenige Teile blieben über der Meeresoberfläche: so die Faröer und eben Island.

Eine andere Theorie besagt, daß diese Landbrücke nie bestanden und sich Island vielmehr durch starke vulkanische Tätigkeit auf dem Meeresboden entwickelt habe. Eine endgültige Entscheidung über die Richtigkeit beider Aussagen läßt sich zur Zeit noch nicht machen.

Lava und Vulkane

Jedenfalls gab sich Mutter Erde mit der Schöpfung Islands nicht zufrieden. Immer wieder kam es in der Geschichte des Landes zu gewaltigen Vulkanausbrüchen; in den letzten 1100 Jahren zählte man allein 150.

Bei solchen Eruptionen werden erhebliche Lavamassen ausgespien, die jetzt ein Zehntel der Insel bedecken. Nach ihrer äußeren Form unterscheidet man zwei Arten von Lava: die **Blocklava** (apalhraun) mit einer sehr rauhen, unebenen Oberfläche und die **Fladenlava** (helluhraun) mit einem glatten, aber häufig in große Stücke zersprengten Äußeren.

Heute sind auf Island noch ungefähr 30 feuerspeiende Berge zu finden (auf der ganzen Erde sind es 450). Sie erstrecken sich weitgehend auf die mittlere Zone der Insel, einen 100—200 km breiten Gürtel, der sich von der Süd- bis zur Nordküste zieht.

Während der Ost- und der Nordwestteil des Landes aus altertiärem, also ca. 30 Millionen Jahre altem **Basalt** aufgebaut sind (Dicke ca. 6 km) und heute kaum noch vulkanische Aktivität aufweisen können, entstand die mittlere Zone während der Eiszeit. Durch Vulkanausbrüche unter dem Eis, bei denen Lava und Aschen zusammengepreßt wurden, hat sich das sogenannte **Palagonit-Tuff** gebildet, aus dem in diesem Gebiet ganze Bergrücken bestehen, so z. B. der Herdubreid.

Fast alle Vulkanarten, die auf Erden zu finden sind, können Sie auf Island kennenlernen. Sie unterscheiden sich in ihrer äußeren Form, die vor allem abhängig ist von der Zahl der Ausbrüche, der Art des geförderten Materials und der Form der Durchbruchstelle.

Da sind die **Kegelvulkane** vom Typ des Fudjijama (auch Schicht- oder Stratovulkane genannt), zu denen beispielsweise der Snaefellsjökull, der Eyjafjallajökull und der Öraefajökull gehören. Letzterer ist mit 2119 m der dritthöchste Vulkan Europas nach Ätna und Großem Bärenberg.

Island bietet auch die seltenen **Schildvulkane**, wie sie sonst vor allem auf Hawaii zu sehen sind. Mit einer Hangneigung von höchstens 10° und einer meist sehr großen Ausdehnung überragen viele von ihnen die Umgebung nur um weniges, so daß sie oft kaum als Vulkane zu erkennen sind, wie z. B. die Trölladyngja im Norden der Insel.

Tafel- oder **Horstvulkane** sind während der Eiszeit unter den Gletschern aufgebaut worden und leicht an ihren kahlen, steil abfallenden Wänden erkennbar. Ein besonders schönes Exemplar dieses Typs finden Sie in der Odádahraun, den oben schon erwähnten Herdubreid.

Die für Island typischste Vulkanart ist der **Spaltenvulkan.** Der größte von ihnen, die Lakispalte (Lakagígar), mißt 25 km in der Länge und ist mit über 100 Kratern besetzt. Als sie 1783 zum vorerst letzten Mal ausbrach (7 Monate lang), bedeckte sie eine Fläche von der Größe des Bodensees mit Lava und zerstörte viele Gehöfte. Der Aschenregen ging noch in Schottland nieder.

Bekannter noch als die Lakispalte dürfte ein anderer Vulkan diesen Typs sein, die **Hekla.** Als sie 1947 tätig wurde, förderte sie 13 Monate lang Asche und Lava. Inzwischen ist sie 1970 und 1980 schon wieder ausgebrochen.

Gletscher

Zahlreiche Vulkane befinden sich auch heute noch unter Gletschern. Da 11 800 qkm, also fast ein Neuntel der Insel, mit Eis bedeckt sind, ist das nicht weiter verwunderlich. Der größte Gletscher Islands, der Vatnajökull, breitet sich über eine Fläche von 8 400 qkm aus. Obwohl sich die Gletscher wegen der Klimaverbesserung im Rückgang befinden, können Sie heute noch fast alle auf der Erde vorkommenden Arten sehen: vom ausgedehnten Plateau- bis zum Talgletscher, wie er auch in den Alpen vorkommt.

Heiße Quellen

Ein anderes Charakteristikum Islands sind die zahlreichen heißen Quellen, von denen es auf der Insel etwa 700 gibt.

An etwa 250 Stellen findet man **alkalische Heißwasserquellen,** die häufig auch **Springquellen** sind. Die bekannteste unter ihnen ist der Große Geysir, nach dem alle Geiser auf der Erde, so im Yellowstone-Nationalpark der USA und auf Neuseeland, benannt sind.

Der deutsche Naturforscher **Robert Bunsen** (1811—1899) hat ihn genau studiert. Seine Erklärung der Vorgänge besitzt auch heute noch ihre volle Gültigkeit: Unter der Erdoberfläche sammelt sich in einer gewissen Tiefe Wasser, das sich durch die hohe Bodentemperatur erhitzt. Der Durchmesser der Röhre, die das Wasserreservoir mit der Oberfläche verbindet, kann nur weniger Wärme abgeben als zugeführt wird. Daher fängt das Wasser an zu kochen und sprudelt an die Oberfläche. Dabei wird der Druck auf das unten verbliebene Wasser geringer, es verwandelt sich in Dampf und verursacht die Eruption. Danach fließt es abgekühlt durch den Schlot zurück und erwärmt sich nach einiger Zeit wieder: das Spiel beginnt von vorn.

Das wesentliche ist also die **Erdwärme.** Während sie in nicht-vulkanischen Gebiet nur um $0,02°$ — $0,03°$ pro Meter Tiefe zunimmt, kann sie hier auf Island um $0,1°$ ansteigen.

Ortsnamen und Wortendungen wie 'hver' (heiße Quelle), 'reyk' (Dampf, Rauch) und 'laug' (warme Quelle) sind auf Island häufig. Sie deuten das Vorkommen dieser Sehenswürdigkeiten mit großer Zuverlässigkeit an.

An 14 Stellen der Insel gibt es die sogenannten **Solfatarenfelder,** Ansammlungen von Schwefelquellen (Solfataren). Ihre Entstehung gleicht weitgehend der der Thermalquellen, nur daß neben dem Wasserdampf noch andere Gase aufsteigen. Charakteristisch für die Solfataren ist der ausgeprägte Farbenreichtum des Gesteins rund um die Quelle. Durch Eisen- und Schwefelverbindungen, die sich aus den Gasen absetzen, wird es rot, gelb und weiß gefärbt.

Die Vielfalt von Formen und Farben der heißen Quellen überrascht immer wieder. Kaum eine gleicht der anderen, der Fotofreund könnte Dutzende von Filmen verknipsen.

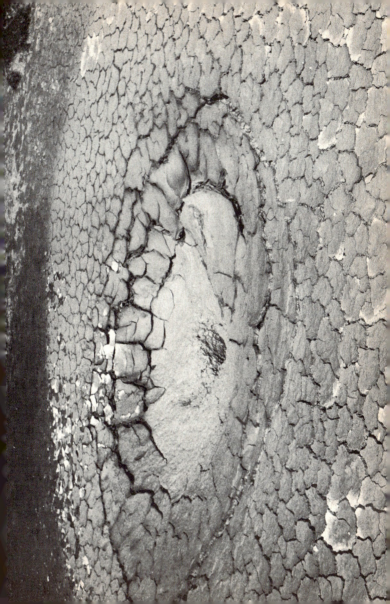

Gewässer

Island ist ungeheuer reich an Flüssen. Die, die durch das langsame Abschmelzen des Eises unter den Gletschern entstehen, sind schmutzig-braun und führen viel Geröll und Schlamm mit sich; die anderen sind glasklar und völlig sauber — ihr Wasser können Sie jederzeit und überall trinken.

Wenn unter einem Gletscher ein Vulkan ausbricht, kommt es zu den sogenannten **Gletscherläufen** (jökullhlaup). Ein Teil des Eises schmilzt rasch ab und strömt dem Meer entgegen, wobei dann weite Gebiete überschwemmt werden. Oft sind in der Geschichte Islands Menschen und Vieh getötet und fruchtbares Land vernichtet worden, besonders durch Ausbrüche der Katla und des Öraefajökull.

Wasserfälle sind typisch für spät entstandene Gebiete der Erde. Die Flüsse hatten hier noch nicht Zeit genug, die Höhenunterschiede des Bodens durch stetige Abtragung abzuschleifen und müssen diese wohl noch einige Jahrtausende lang als Wasserfälle überwinden. Sie finden Sie auf Island überall; als die schönsten könnten der Gullfoss, der Dettifoss, der Godafoss und der Svartifoss genannt werden.

In die isländische Küste schneiden sich — außer im Süden — viele **Fjorde** ein, von denen der Breidafjördur (63 km breit und 110 km lang) sowie der Isafjardardjúp (20 km breit und 80 km lang) die größten sind — schon mehr Buchten ähnelnd.

Erdbeben

Zum Abschluß sei noch ein Wort zu einer weiteren Form der Naturkatastrophen gesagt, an denen Island ja so reich ist. Erdbeben sind mit das kleinste Übel auf der Insel, treten sie doch, obwohl häufig, aber immer nur leicht auf. Ohnehin können sie in diesem dünnbesiedelten Land keinen großen Schaden anrichten — so bleiben nennenswerte Beben allein aus den Jahren 1784, 1896 und 1934 zu vermelden, bei denen jeweils einige Farmen zerstört wurden.

In die Ost-, Nord- und Westküste haben sich viele Fjorde tief eingeschnitten, wie hier zum Beispiel der **Seydisfjördur,** umstanden von mehr als 1000 m hohen Bergen.

2. Klima und Reisezeit

Den meisten Europäern ist die Insel im Norden wohl durch die täglichen Wetterberichte bekannt, in denen Island-Tiefs einen festen Platz einnehmen. Das braucht aber nun niemanden zum Glauben zu veranlassen, dort oben sei das Wetter ständig schlecht. Es ist zwar nicht immer angenehm, doch im ganzen besser als sein Ruf.

Vier Faktoren bestimmen das Klima des Landes. Da ist einmal der warme **Golfstrom,** dessen Ausläufer einen Arm um die Süd- und Westküste legen, zum anderen der kalte von Ost-Grönland heranziehende **Polarstrom,** der kühle Wasser mit sich bringt und an der Nord- und Ostküste vorbeifließt. Aus dem Südwesten wehen wärmere Winde, von Norden wird polare Luft eingeführt. Diese Gegensätze bringen es mit sich, daß das Wetter meist wechselhaft ist. Dennoch sollten Sie der weitverbreiteten Redensart „Wenn Ihnen unser Wetter nicht gefällt, warten Sie bitte einen Augenblick" nicht zuviel Beachtung schenken. Es gibt oft längere Perioden schönen — und leider auch schlechten — Wetters. Die einzige Regel, auf die man sich verlassen kann, ist folgende: wenn es im Süden schön ist, ist es im Norden schlecht und umgekehrt.

Mit **Regen** können Sie fast jeden Tag rechnen, aber meist nur in kurzen Schauern. An der Südostecke fällt allerdings sehr viel Niederschlag. Insgesamt gesehen ist die Wassermenge, die auf weite Teile Islands niederfällt, sogar relativ gering: in Akureyri ist sie pro Jahr nur halb so hoch wie in Rom, in Reykjavík fällt weniger Niederschlag als etwa in München.

Die **Temperaturen** liegen im Hochsommer weitaus niedriger als in Mitteleuropa. Nur selten übersteigt das Thermometer die 20° Marke, 15° am Mittag sind normal. Die Winter sind mild und ähneln temperaturmäßig vor allem im Süden den unsrigen. Wenn allerdings aus dem Polarmeer viel Packeis in die Nähe Islands getrieben wird, sinkt das Thermometer weit ab.

Lästig wird manchmal der fast ununterbrochen wehende **Wind;** Stürme sind in den Küstengebieten nicht eben selten.

Die **Luft** in Island ist so klar und sauber, daß man eine ausgezeichnete Fernsicht genießen und sich ohne Abgase einmal richtig erholen kann. **Nebel** ist außer im Osten und Südosten so gut wie unbekannt.

Anders als bei uns sind die **Lichtverhältnisse.** Von Anfang Juni bis zu den ersten Augusttagen geht die Sonne nur für kurze Zeit unter, im Norden kann man Ende Juni sogar die Mitternachtssonne erleben. Von Mitte November bis Ende Januar wagt sie sich dann nur für drei oder vier Stunden hervor. Echte Polarnächte (24 Stunden völlige Dunkelheit) sind auf Island nicht anzutreffen.

Vor allem im Herbst und Winter leuchtet das **Nordlicht** am Himmel. Wer Glück hat, kann es schon Anfang September erblicken.

Die Schönheit dieses Naturschauspiels ist so eindrucksvoll, daß man sich fragen mag, **wie es entsteht.** Nun, Urheber ist die Sonne. Während sogenannter Sonneneruptionen (Sonnenflecken) sendet sie elektrische Ströme (Korpuskularteilchen) aus, die dann auf das Magnetfeld der Erde treffen und von diesem zu den Polen hin abgeleitet werden. In den Breiten um den Polarkreis dringen sie in die Erdatmosphäre ein. Die Luftteilchen werden elektrisch aufgeladen (ionisiert) und dadurch zum Leuchten gebracht. Da das Magnetfeld der Erde aber ständig in Bewegung ist, verändern sich auch die Punkte des Zusammentreffens und das Nordlicht bewegt sich. So kommen denn die unterschiedlichsten Formen zustande: Bänder, Bogen, Flammen, Lichtkronen und Strahlenbündel.

Island hat so von den Wettererscheinungen her das ganze Jahr über etwas für den Touristen zu bieten. Als **Reisemonate** kommen aber Juni, Juli und August besonders in Frage. Auch Mai und September sind geeignet, obwohl dann schon Schneefälle einsetzen können. Außerdem sind Fahrten ins Hochland in diesen beiden Monaten manchmal schon unmöglich — wie immer zwischen Oktober und April.

3. Tier- und Pflanzenwelt

Islands karge, fast baumlose Landschaft hat nur wenige Tierarten angelockt; diejenigen jedoch, die sich hier niederließen oder regelmäßig zu Besuch kommen, haben sich fast ausnahmslos prächtig vermehrt. Das gilt vor allem für die etwas mehr als 200 **Vogelarten,** die auf Island zu finden sind.

Allen voran steht der bunte, possierliche **Papageientaucher** (isl. lundi), der zu Millionen an den Felsen der Küste nistet.

Im Gebiet des Mývatn-Sees halten sich nach neuesten Schätzungen rund 150 000 **Enten** aller 17 Arten auf, die überhaupt auf der Insel vorkommen. Sie leben überall entlang des Seeufers, auf den kleinen Inseln und an den Flüssen, die in den Mývatn hinein oder aus ihm heraus fließen. Andere Wasservögel, wie Schwäne, Gänse und Säger sind auf den meisten Seen des Landes zu finden.

Die häufigsten und am leichtesten erkennbaren Vögel der isländischen Landschaft sind die dem Wanderer überall begegnenden Regenbrachvögel (isl. Spói) und Goldregenpfeifer (isl. lóa). Ihre eigenartigen Stimmen sind ständige Begleiter. Auffallend ist auch die große Zahl der **Raben,** die in ganz Island zu sehen sind.

Um die **Raubvögel** ist es nicht so gut bestellt. Nur der Islandfalke ist häufig; Seeadler und Schnee-Eule mußten gesetzlich geschützt werden. Die verbliebenen Seeadler (1971: 62 Stück) leben fast ausschließlich im Breidafjördur-Distrikt, die letzten Schnee-Eulen haben sich in entlegene Teile des Hochlands zurückgezogen.

Dort weiden auch die Nachfahren der **Rentiere,** die zwischen 1771 und 1787 aus Norwegen eingeführt wurden, um die Ernährungslage der Bevölkerung zu verbessern. Sie haben sich sehr schnell vermehrt und wurden darum zum Abschuß freigegeben, der jetzt aber nur noch beschränkt erlaubt ist. Die Zahl der verbliebenen Rentiere belief sich 1972 auf 3598 Stück.

Andere Säuger sind der weitverbreitete **Polarfuchs,** der **Seehund, Ratten** und **Mäuse.** Seit nach 1930 verschiedene Zuchtfarmen gegründet wurden, brechen immer wieder **Nerze** aus, die dann wild leben und auch Schafen zur Gefahr werden können.

Mit **Eisbären** dürfen Sie in Island nicht rechnen; sie wurden zwar in früheren Zeiten, als das Klima noch kühler war, manchmal auf Eisschollen angetrieben, sind aber nie heimisch geworden.

All diese Säugetiere werden Sie vielleicht nie zu Gesicht bekommen, hingegen werden Ihnen frei weidende **Schafe** überall begegnen. Sie werden nicht wie bei uns in Herden gehalten, sondern wandern in kleinen Gruppen durch ganze Bezirke und dringen selbst bis weit ins Hochland vor. Jedes Jahr im Herbst müssen sie dann von den Bauern zusammengesucht und eingetrieben werden. Dafür sind auch die oft zu sehenden labyrinthartigen Schafpferche (isl. réttir) gebaut worden, in denen die eingesammelten Tiere zunächst nach Besitzern sortiert werden.

Für den Abtrieb können die Bauern nicht auf ihre **Island-Ponies** verzichten, die zu diesem Zweck als einziges Transportmittel in Frage kommen. In der übrigen Zeit des Sommers weiden sie meist völlig frei, wenn sie sich auch nie so weit vom Hof entfernen wie die Schafe. Ihre Zahl ist größer als an und für sich notwendig, aber die Isländer hegen eine besondere Zuneigung zu ihren Pferden. Die Vorfahren der heutigen Tiere wurden schon im 10. Jahrhundert von den Wikingern eingeführt und haben sich reinrassig erhalten. Obwohl sie kleiner als normale Pferde (und größer als andere Ponies) sind, können sie enorme Lasten tragen und sind zudem außerordentlich ausdauernd, trittsicher und freundlich.

Unbedingt erwähnt werden muß noch der isländische **Hund,** der ebenfalls zu jedem Schafstrieb gehört. Seine Rasse ist eine der ältesten der Welt, deren Geschichte bis in die Zeit der Besiedlung zurückführt. - Sie werden sie nur außerhalb Reykjavíks antreffen, da Hundehaltung in der Hauptstadt verboten ist.

Die isländische Landschaft wird vor allem durch das Fehlen von **Bäumen** geprägt. Als die Wikinger das Land in Besitz nahmen, gab es noch ausgedehnte, wenn auch niedrige Waldungen, aber die Klimaverschlechterung, menschliche Rodungen und der Appetit der Schafe vernichteten sie fast völlig. Heute sind umfangreiche Wiederaufforstungsmaßnahmen im Gang, doch noch immer ist der größte Teil der Insel kahl oder nur von **Moosen** und **Gräsern** bewachsen.

Von den Bauern bewirtschaftet wird meist nur ein kleines, zu jedem Gehöft gehörendes Stück Grasland (isl. tún), das ausreicht, um genug Heu für die Haustiere zu mähen. Mit **Kartoffeln** kann sich Island größtenteils selbst versorgen, **Getreideanbau** ist zwar an manchen Stellen möglich, wird aber bisher fast nur auf Versuchsfarmen betrieben.

4. Geschichte

Gegen Ende des achten nachchristlichen Jahrhunderts betraten die ersten Menschen isländischen Boden. Es waren **irische Mönche,** denen die abgelegene und unberührte Insel gerade recht geeignet zu sein schien für ihr Eremitenleben. Doch als im Jahr 874 mit Ingólfur Arnarson die Besiedlung des Landes durch die **Wikinger** begann, mußten Sie entweder fliehen oder sie wurden erschlagen.

Die Neuankömmlinge hatten ihre norwegische Heimat verlassen, weil sie sich als bisher freie Männer nicht den Machtansprüchen ihres Königs **Harald Schönhaar** beugen mochten, der versuchte, sie in wesentlichen Rechten zu beschneiden, Steuern einzuziehen und sich zum Alleinherrscher aufzuschwingen. Ihr Weg führte sie meist nicht direkt nach Island, sondern zunächst nach Schottland, Irland und auf die Faröer. Als sie dann ihr endgültiges Ziel erreichten, brachten sie etliche **Sklaven** keltischen Ursprungs mit, so daß sich von daher leicht die rassische Mischung des Isländers erklären läßt, in dessen Adern neben Wikinger- eben auch Keltenblut fließt.

Nachdem in den ersten fünfzig Jahren nach Ingólfurs Ankunft viele tausend Siedler ins Land gekommen waren, ergab sich die Notwendigkeit, das gemeinsame Leben auf irgendeine Art zu regeln. Man wählte als Staatsform die **Republik**, versprach sie doch die Freiheit, um derer willen man die alte Heimat verlassen hatte. Mit der Gründung des **Althing** genannten Parlaments im Jahr 930 setzt so die Geschichte Islands als Staat ein. Man traf sich fortan in jedem Frühjahr für ungefähr zwei Wochen, um gemeinsam Gesetze zu erlassen und Gericht zu halten.

Das Althing übernahm im Jahr 1000 dann auch das **Christentum** als Staatsreligion. 1056 wurde in Bremen der erste isländische Bischof, Isleifur Gíssurarson, geweiht, der fortan in Skálholt residierte. Fünfzig Jahre später wurde ein zweites Bistum mit Sitz in Hólar errichtet. Dessen erster Bischof, ebenso wie Isleifur vom Volk gewählt, empfing seine Weihe

---

Diesen possierlichen Tieren werden Sie immer wieder begegnen — wie wäre es mit einem Proberitt? **Islandponies** sind auch für unerfahrene Reiter ganz ungefährlich und leicht zu führen.

im norwegischen Trondheim, Zeichen des wachsenden Einflusses des alten Heimatlandes, der von nun an immer stärker wurde.

Die großen isländischen Familien gerieten untereinander in Streit und bekämpften sich mit allen ihnen zur Verfügung stehenden Mitteln. Die Kleinbauern gerieten in immer größere Abhängigkeit von ihnen und verarmten zusehends. Immer mehr Getreide mußte aus Norwegen eingeführt werden, so daß Island wirtschaftlich vollkommen von Norwegen abhängig wurde. Im Jahr 1262 war es dann soweit, daß die auf dem Althing versammelten Edlen Islands dem König Haakon von **Norwegen** Treue schworen: Island hörte auf, als unabhängiger Staat zu bestehen. Damit begann ein langer Leidensweg, der erst in unserem Jahrhundert enden sollte.

Besonders schwer trafen die Insel die ständig verschärften und erneuerten **Handelsbeschränkungen,** die von den norwegischen Königen erlassen wurden, um ihrem Land das gute Geschäft des Islandhandels zu sichern.

Als Norwegen 1380 unter **dänischer Herrschaft** geriet, wechselte auch Island, ohne befragt zu werden, den Besitzer. Ebenfalls ohne Mitspracherecht der Bevölkerung wurde 1551 die **Reformation** durchgeführt, nachdem ein Jahr zuvor Jón Arason, letzter katholischer Bischof von Hólar, hingerichtet worden war, weil er sich energisch gegen die Einführung des neuen Glaubens gewehrt hatte.

Unter Dänemarks Herrschaft hatten die Isländer noch weit mehr zu leiden als zuvor unter der norwegischen. Dänemarks Kaufleute und Könige waren an der Insel im hohen Norden nur in einer Hinsicht interessiert: sie wollten möglichst große Gewinne aus dem **Islandhandel** abschöpfen. Die **Not der Bevölkerung** berührte sie nicht: 1402—1404 starben zwei Drittel der Isländer an der Pest, wiederholt kam es zu Vulkanausbrüchen, die fruchtbares Land zerstörten und die Ernährungsgrundlage der Bewohner immer mehr einschränkten. Hungersnöte durch zu lange Winter, die das Vieh dahinrafften und Überfälle durch fremde Seeräuber trugen ein übriges bei. Die Dänen verschärften dennoch ihre Gesetze und verboten den Isländern zum Beispiel seit 1621, Fischfang mit größeren Booten zu betreiben, so auch noch die Versorgungsmöglichkeiten aus dem Meer beschneidend. 1707—1709 starb ein Drittel der Bevölkerung (18 000 v. 50 000) an den Schwarzen Blattern und ein Menschenalter später dezimierte der Ausbruch der Lakispalte die Zahl der Isländer erneut.

Im **19. Jahrhundert** verbesserten sich die Lebensbedingungen allmählich wieder und die Zahl der Einwohner nahm zu. Die französische Revolution hatte den europäischen Kontinent verändert, nicht zuletzt aber auch die Denkweisen vieler Bürger, die nun den absoluten Herrschaftsanspruch ihrer Könige und Kaiser nicht mehr widerstandslos hinnehmen wollten.

In Island erhob sich unter der Führung von Jón Sigurdsson eine **nationale Bewegung,** in Dänemark mußte der Regent die bürgerlichen Freiheiten gewähren und auf seinen Absolutätsanspruch verzichten. Erste Fortschritte konnten für Island verbucht werden: 1854 wurde der Handel völlig freigegeben und das vierundvierzig Jahre zuvor aufgelöste Althing wieder eingesetzt. Als der isländische Staat 1874 sein tausendjähriges Bestehen feierte, gewährte Dänemark der Insel eine neue **Verfassung.** Der Handel kam in Schwung, erste Brücken wurden gebaut, Wege geschaffen, landwirtschaftliche Genossenschaften gegründet.

1918 war es dann endlich so weit: Island wurde wieder ein **unabhängiger Staat,** nur noch in Personalunion mit Dänemark verbunden.

Während des **zweiten Weltkriegs** löste es sich dann vollkommen vom bisherigen Mutterland ab. Eine vom 20.—23. Mai 1944 abgehaltene Volksabstimmung ergab, daß über 95 % der Isländer sich als Staatsform die Republik wünschten. So wurde eintausendvierzehn Jahre nach der ersten Staatsgründung am 17. Juni 1944 auf dem Thingvellir die **Republik Island** proklamiert, und noch am selben Tag trat ihr erster Präsident, Sveinn Björnsson, sein Amt an.

Inzwischen hatten am 10. Mai 1940 britische Truppen als Reaktion auf den deutschen Einmarsch in Norwegen die Insel besetzt. Knapp ein Jahr später lösten **Amerikaner** die Engländer ab und blieben auch nach Kriegsende noch im Land. Durch den Beitritt zur **NATO** im Jahr 1949 wurde Island, trotz Protestes weiter Kreise der Bevölkerung, vollends in das westliche Verteidigungssystem einbezogen, ohne jedoch eigenes Militär zu stellen.

5. Die Welt der Sagas

Die isländische Literaturgeschichte setzt im Jahr 1117 ein, als die **Gesetze** aufgezeichnet wurden, die bisher nur auswendig gelernt im Kopf eines dafür auserwählten Mannes überliefert worden waren. Ungefähr zur gleichen Zeit nimmt auch die Geschichtsschreibung ihren Anfang: mit **Saemundur Sigfússon,** dem Weisen (1056—1133)). Von seinen in lateinischer Sprache abgefaßten Werken ist allerdings nichts mehr erhalten, wir wissen nur von ihnen, weil sie in anderen Sagas erwähnt werden.

Einer seiner Zeitgenossen ist **Ari Thorgilsson,** wiederum mit dem Beinamen 'der Weise' geehrt. Und in der Tat, sein „Islendingabók" ist wirklich ein bedeutendes Buch, nicht nur Darstellung der Landnahme bis zum Jahr 1120, sondern gleichzeitig methodisch für diese Zeit vorbildlich. Es gab für Ari ja keine schriftlichen Quellen und so mußte er sich allein auf mündliche Überlieferung stützen. Ari erzählt nun nicht nur, er nennt auch jedesmal seine Gewährsleute, macht so seine Angaben nachprüfbar. Seine große Leistung mag man erst erkennen, wenn man sich die phantasiereichen, aber kaum wirklichkeitsnahen Kaiserchroniken des mitteleuropäischen Mittelalters ansieht.

Neben den Landnahme-Sagas, zu denen als weiteres Werk das **„Landnámabók"** zu rechnen ist (das über 400 Siedler Auskunft gibt), gab es im Laufe der Zeit dann freilich auch andere **Saga-Typen:** Königs-Sagas, Familien-Sagas, die Sturlunga-Saga, die Fornaldar-Sagas und die Lügen-Sagas, um die wichtigsten zu nennen.

Zu den **Königs-Sagas** gehört die „Heimskringla" (Weltkreis), in der der noch öfter zu erwähnende Snorri Sturluson die Geschichte der norwegischen Könige bis hinauf ins Jahr 1177 verfolgt. Seine Voraussetzungen dazu waren gut, hatte er doch lange Zeit am norwegischen Königshof gelebt.

In den **Familien-Sagas** (z. B. „Egils saga", „Laxdaela saga") wird über isländische Geschlechter und ihr Treiben

---

Jón Sigurdsson kämpfte für die Unabhängigkeit Islands. Sein Denkmal steht auf dem Austurvöllur-Platz, mit dem Gesicht dem Parlament des jungen Staates zugewandt.

berichtet, unter anderem durch einen Neffen Snorri Sturlusons, Sturla Thórdarson (1214—1284).

Einer ganz anderen Zeit wenden sich die **Fornaldur-Sagas** zu, deren Thema die Helden der skandinavischen Vorzeit sind. Zu diesem Typ gehören etwa die Ragnars saga lodbrókar und die Völsunga saga. Mit den **Lügen-Sagas,** die Anklänge an Ritter-Romanzen und Volksmärchen erkennen lassen, zerfällt dann die eigentliche Saga.

Wie konnten nun die niedergeschriebenen Sagas in unsere Zeit hinübergerettet werden? Eine durchaus berechtigte Frage, wenn man den kulturellen und wirtschaftlichen Abfall bedenkt, den das Land in den späteren Jahrhunderten durchmachen mußte. Zu verdanken ist das vor allem zwei Männern: dem Bischof von Skálholt **Brynjólfur Sveinsson** (1605—1675) und **Árni Magnússon** (1663—1730), einem isländischen Gelehrten ,der in Dänemark lebte. Beide hatten erkannt, daß nur in Kopenhagen eine angemessene Aufbewahrung und wissenschaftliche Auswertung möglich war: so gingen sie auf die Suche nach den alten **Pergamenten** (manchmal brauchte man 100 Kalbsfelle, um eine Saga aufschreiben zu können), die sie meist in recht schlechtem Zustand und völlig unbeachtet von ihren Besitzern auf Bauernhöfen fanden. So sind uns etwa 40 Sagas erhalten geblieben, manchmal in mehreren Handschriften, so die Njáls saga allein einundzwanzigmal.

In unserem Jahrhundert nun ist ein Streit der Wissenschaft darüber entstanden, als was die Sagas angesehen werden müssen: als dichterisches Werk ihrer Autoren oder als bloße Aufzeichnung mündlich in dieser Form verbreiteter Erzählungen (das Wort 'saga' bedeutet nicht etwa Sage, sondern einfach Erzählung). Beide Theorien haben wissenschaftliche Namen: die erste wäre die **Buchprosatheorie,** die zweite die **Freiprosatheorie.** Obwohl beide etwas für sich haben, neigt man doch jetzt allgemein dazu, der Buchprosatheorie den Vorzug zu geben, die insbesondere von dem großen Nordisten Sigurdur Nordal vertreten wurde. Das heißt aber: nicht alles, was in den Sagas berichtet wird, dürfen wir als bare Münze nehmen. Unbestritten ist der historische Wert allein bei den Landnahme-Sagas.

Nun waren die Sagas nicht die einzige literarische Form im Island der ersten vier Jahrhunderte. Zu erwähnen wären noch die **Eddas** und die **Skaldendichtung.** Beide verpflichten im Gegensatz zu den Sagas, die in Prosa geschrieben wurden, zur Versform.

Themen der **Eddas** sind die Götter und Helden der nordischen Mythologie. Auch das Nibelungenlied ist in ihnen enthalten. Reimschema ist der Stabreim, die Strophen sind knapp gehalten, nur das Wesentliche wird gesagt.

Anders bei der **Skaldendichtung.** Sie wurde vor allem von nordischen Sängern am Hof von Königen und Fürsten vorgetragen, diente also der Unterhaltung. Leben mußten die Skalden auch, so sind viele ihrer Werke Preislieder auf ihre Geldgeber. Dennoch bleibt ihr künstlerischer Wert bis ins 13. Jahrhundert hinein erhalten. Snorri Sturluson hat gar ein Lehrbuch für Skalden geschrieben, in dem er genauestens die beiden wichtigsten dichterischen Mittel erläutert: Kenning und Heiti.

Kenning ist eine Form der bildlichen Umschreibung alltäglicher Hauptwörter, eine Art Metapher, die dazu die Wortneuschöpfung durch Verbindung zweier Hauptwörter benutzt. So heißt in den Liedern der Skalden das große Gewässer nicht mehr 'Meer', sondern 'Walstraße' und der 'König' wird zum 'Burghirten'.

Heiti will ebenfalls umschreiben, setzt dafür aber einfach ein anderes Hauptwort ein. So wird aus einem 'Roß' ein 'Renner'.

Erhalten werden konnten uns die Skaldendichtungen nur dadurch, daß sie in die verschiedensten Sagas eingestreut wurden.

Ein Schlußwort sei gestattet: hier konnte nur kurz etwas zu den Sagas, Eddas und Skaldenliedern gesagt werden, zu kurz vielleicht. Wer sich mehr dafür interessiert, sei auf das Buch von Peter Hallberg, das in die kleinen Literaturhinweise aufgenommen wurde, hingewiesen.

6. Literatur, Kunst und Musik

Die **Literatur** Islands nach der Sagazeit ist im Ausland so gut wie unbekannt. Dabei hörte das literarische Schaffen durchaus nicht auf. Zwei Namen sind aus vergangenen Jahrhunderten vor allem zu nennen: Hallgrímur Pétursson und Jónas Hallgrímsson.

Hallgrímur Pétursson (1614—1674) kehrte nach einem Studium in Kopenhagen als Pfarrer in seine Heimat zurück. Er verfaßte zahlreiche lyrische Werke, die vom innigen Glauben an Gott geprägt sind. Seine Passionslieder (Passíusálmar) werden noch heute in Gottesdiensten gesungen und bei vielen Gelegenheiten zitiert, sie erlebten seit 1666 mehr als sechzig Neuauflagen. Von der noch immer großen Beliebtheit Hallgrímurs zeugt auch die Namensgebung der neu erbauten Kirche in Reykjavík, die nach ihm benannt wurde.

Jónas Hallgrímsson (1807—1845) ist der große Poet der isländischen Romantik. Seine Gedichte und kurzen Geschichten stehen immer wieder unter dem Zeichen der nationalen Besinnung und eines neuen Verhältnisses zu Natur und Landschaft.

Von den **Autoren des 20. Jahrhunderts** ist heute **Halldór Laxness** international am bekanntesten. Der 1902 geborene Schriftsteller erhielt 1955 den Nobelpreis für Literatur, stellvertretend für das ganze literarische Schaffen im Land. Seine Dramen werden bei uns nicht gespielt, seine Romane aber sind teilweise ins Deutsche übertragen und manche auch fürs Fernsehen verfilmt worden. Seine Themen reichen weit, von aktueller Stellungnahme zum Problem amerikanischer Stützpunkte auf Island in 'Atomstation' bis zu Fragen von Dichter und Dichtung in 'Weltlicht'; vom Leiden einer ganzen Nation in 'Islandglocke' bis zur Darstellung sozialer Probleme in 'Sein eigener Herr'. Halldórs Romane zu lesen heißt ein Stück Island kennenzulernen.

Andere isländische Autoren, von denen mehrere Werke ins Deutsche übertragen wurden, haben in fremden Sprachen geschrieben, um sich einem breiteren Publikum mitteilen zu können. **Gunnar Gunnarsson** (geb. 1889) und **Gudmundur Kamban** (1888—1945), der in den zwanziger und dreißiger Jahren viel bei uns gelesen wurde, schrieben dänisch, **Kristmann Gudmundsson** (geb. 1902) benutzte das Norwegische. Ihre Romane (z. B. Gunnarsson: 'Die Leute auf Borg', Kamban: 'Marmor', Gudmundsson: 'Morgen des Lebens') sind heute leider nur noch antiquarisch zu bekommen, einzig eine kleine Erzählung von Gunnarsson, 'Advent im Hochgebirge', ist leicht zugänglich.

Außerhalb der Literatur waren die Leistungen isländischer Künstler lange Zeit unbedeutend. Malerei, Bildhauerei und Architektur fanden eigentlich erst zu Anfang dieses Jahrhunderts Verbreitung, bis dahin gab es nur mehr kunsthandwerkliche Arbeiten wie Holzschnitzereien und Wandbehänge, von Buch- und kaum erhaltenen Kirchenmalereien einmal abgesehen, die bis zur Reformation geschaffen wurden.

In der **Malerei** sind Ásgrímur Jónsson, Jón Stefansson und Jóhannes S. Kjarval zu nennen, deren Werke aber wohl auf internationaler Ebene nicht gerade als erstklassig bezeichnet werden können. Einen guten Überblick über das Schaffen isländischer Maler gibt die Gemäldegalerie im Nationalmuseum zu Reykjavík.

In der **Architektur** ragt Gudjón Samúelsson hervor. Nach seinen Plänen wurden die Universität, das Nationaltheater, die katholische Kirche, die Hallgrímskirche und das Hotel Borg in Reykjavík erbaut, um nur einige Beispiele zu nennen.

Aus dem isländischen **Musikleben** sind keine bedeutenden Namen hervorzuheben. Nachdem im frühen Mittelalter viele Sänger von der Insel an Höfen in ganz Europa beliebte Unterhalter waren, beschränkte sich das musikalische Schaffen für lange Zeit auf die Volksmusik, die auch heute noch Materialgrundlage vieler isländischer Komponisten ist. Sammlungen von Volksliedern sind in Reykjavík auf Schallplatten erhältlich.

Konzerte können Sie in Island freilich auch hören. Man hat ein eigenes Symphonieorchester, Hausmusik ist beliebt. Pop-Gruppen unterscheiden sich in Können und Auftreten nicht sehr von denen in anderen Ländern.

Zuletzt sollte vielleicht noch erwähnt werden, daß der in Rußland gebürtige, heute weltberühmte Pianist **Vladimir Ashkenazy** seit 1972 Staatsbürger der Republik Island ist.

7. Das tägliche Brot

Island lebt vor allem vom **Fisch,** ohne den das Land nicht existenzfähig wäre. Gefangen werden hauptsächlich Kabeljau, Kapelan, Seelachs und Hering. Die gesamte Anlandung betrug 1971 ungefähr 700 000 t. Sie wird in mehr als 100 Fabriken entlang der Küste weiterverarbeitet: teils nur gefroren und in großen Eisblöcken ins Ausland verschickt, teils schon auf Island zu Portionen in Dosen oder Packungen bereitet. Hauptabnehmer für gefrorenen Fisch sind die Sowjetunion und Nordamerika. Stockfisch (meist Dorsch) geht vor allem nach Italien und in die Länder der dritten Welt.

Dreimal hat Island einen Bruch mit befreundeten Staaten riskiert, um seine Lebensgrundlage zu erhalten: zuerst 1958, als die **Fischereigrenzen** auf 12 Meilen ausgedehnt wurden und es zum sogenannten 'Kabeljau-Krieg' mit England kam; dann wieder 1972, als die isländischen Hoheitsgewässer auf 50 Seemeilen erweitert wurden und zuletzt 1975/76, als die Isländer eine 200-Meilen-Zone beanspruchten. Die Regierung sorgte sich jedesmal um die Erhaltung des Fischbestandes im Seegebiet um die Insel. Britische, französische, deutsche und sowjetische Trawler sind hier sehr aktiv. Neben das eben erwähnte Argument stellten die Isländer noch einige gewichtige andere, darunter auch das, daß der Meeresboden wegen seiner Schätze (Gas, Öl) schon weit über 50 sm hinaus aufgeteilt sei und daß das gleiche Recht auch für die Schätze zwischen Grund und Oberfläche gelten müsse.

Trotz dieser zeitweisen Trübungen sind die isländischen Beziehungen zu allen fremden Staaten gut. Im **Handel** steht bei Importen die Bundesrepublik an der Spitze, gefolgt von den USA, Großbritannien und Dänemark; bei Exporten rangieren die USA am ersten Platz, dann kommen Großbritannien, die UdSSR, Dänemark und Portugal. Insgesamt wird ein Einfuhrüberschuß erzielt.

Die **Landwirtschaft** soll vor allem einen Beitrag zur Eigenversorgung leisten; exportiert werden können nur Hammelfleisch, Wolle, Felle und (lebende) Islandponies. Die Schafzucht bringt den Bauern das meiste Geld; auf jeden Isländer entfallen durchschnittlich vier Schafe (1969: 820 000 Stück).

Der **Tourismus** nimmt erst in den letzten Jahren an Bedeutung zu. 1975 kamen etwas mehr als 70 000 Ausländer auf

> Der **Búrfell** gab auch Islands größtem Kraftwerk seinen Namen. Was mag hier mehr bestechen: die schöpferische Natur, die einen Streifen Säulenbasalt in den Berg eingelagert hat — oder der technische Fortschritt, der trotz allem dem Land überhaupt nichts anhaben kann?

die Insel, vor allem US-Amerikaner (25 053) und Westdeutsche (7966). Die jährliche Zuwachsrate beträgt auf diesem Gebiet 15—20 %. Interessant ist es vielleicht noch, zu erfahren, daß das bevorzugte Urlaubsland der Isländer Spanien ist.

Da Island nur wenige **Bodenschätze** besitzt, ist es schwierig, andere **Industriebetriebe** anzusiedeln als solche aus den Branchen der Fischverarbeitung, des Textilwesens und der Lebensmittelproduktion. Die übrigen lassen sich an einer Hand abzählen: die Zementfabrik in Akranes (seit 1954), eine Düngemittelfabrik in der Nähe Reykjavíks (seit 1958), die Aluminiumhütte von Straumsvík und die Kieselgurfabrik am Mývatn (beide aus den sechziger Jahren).

Eine solch einseitig ausgerichtete Wirtschaft wie die Islands bringt natürlich viele Nachteile mit sich: einer davon ist die — freilich auch durch andere Faktoren mitverursachte – hohe **Inflationsrate.** Sie gehört zu den höchsten der Welt und ermöglicht kaum korrekte Preisangaben – sie sind schon veraltet, wenn sie in Druck gehen. Das Problem der Preissteigerungen ist für die Isländer wohl kaum noch in den Griff zu bekommen. Da ist auch die Währungsumstellung (100 alte Kronen sind seit dem 1. 1. 1981 nur noch 1 neue Krone) kaum mehr als eine kosmetische Operation.

Vorbildlich wie in allen skandinavischen Staaten sind die **sozialen Verhältnisse.** Etwa 30 % aller isländischen ABC-Schützen gelangen bis zum Abitur, medizinische Dienste sind kostenlos (gesetzliche Krankenversicherung), **Schulpflicht** besteht für Sechs- bis Sechzehnjährige. Schulen und Krankenhäuser finden sich überall im Land — keine Selbstverständlichkeit bei dieser dünnen Besiedlungsdichte.

Besonders erwähnt werden sollte vielleicht noch eine Einrichtung, die ausländische Gäste oft überrascht: da es auf

---

Das **Nordische Haus,** nach Plänen von Alvar Aalto von allen fünf skandinavischen Staaten erbaut, beherbergt eine Cafeteria, eine Bibliothek, Ausstellungs- ud Vortragsräume. Es soll der Festigung der skandinavischen Beziehungen dienen.

Island fast gar keine **Mietwohnungen** gibt, sind alle jungen Leute zwischen 16 und 26 Jahren gesetzlich dazu verpflichtet, 15 % ihres Lohnes auf ein Sparkonto einzuzahlen, damit sie sich mit dem so angesammelten Vermögen eine Eigentumswohnung oder ein Haus kaufen können.

Oft fragt sich der Tourist, was die Isländer wohl mit ihrer **Freizeit** anfangen mögen, da doch offensichtlich nur wenige Ablenkungsmöglichkeiten zu finden sind. Nun, es gibt viele Kinos, in den meisten Orten werden öfters Tanzabende veranstaltet, im ganzen aber überragt die private Geselligkeit. **Fernsehen** wurde im September 1966 eingeführt, zur Zeit wird an sechs Tagen in der Woche jeweils drei Stunden lang gesendet.

Zum Schluß sei noch ein besonders erfreuliches Faktum im isländischen Leben angesprochen, das fast völlige Fehlen schwerer **Kriminalität.** Es hat auf Island noch nie einen bewaffneten Raubüberfall gegeben! Leichtere Delikte werden meist im Zustand der Trunkenheit ausgeführt — Folge der doch recht strengen Einschränkung des Alkoholkonsums?

B
Reykjavík
Die nördlichste Hauptstadt der Welt

Das erste Mal sah ich Reykjavík morgens um sieben. Die „Gullfoss" lag noch auf der Reede, wartete auf den Arbeitsbeginn im Hafen. In feinem Nieselregen und niedrig hängenden Wolken lag die Hauptstadt vor uns — bunte Dächer, grün, blau, lila oder rot gestrichen; Häuser aus Wellblech, die sich bald im Dunst verloren. Trostlos, der erste Eindruck.

Aber bald erlebte ich das andere Reykjavík. Blauen Himmel und strahlenden Sonnenschein, die bizarr geformten Berge von Reykjanes im Hintergrund, den mächtigen Esja zum Greifen nahe, Menschen auf Bänken und Grünflächen, stille Plätze und Seitenstraßen, anderswo wieder dichten Verkehr.

Reykjavík ist, nach mitteleuropäischen Maßstäben gemessen, nur eine Kleinstadt. Von jedem Punkt aus erblickt man die unberührte Landschaft - gewaltig, fremdartig, verlockend. Wenige Kilometer außerhalb der Stadtgrenzen beginnt die Einsamkeit, enden die asphaltierten Straßen. Wer nur Reykjavík sieht, kennt Island nicht — wer aber Reykjavík nicht kennt, verschenkt eine wesentliche Hilfe zum Verständnis des modernen Staates.

Lage

An der Südseite der **Faxaflói-Bucht** ragt die kurze Halbinsel **Seltjarnarnes,** auf der Reykjavík liegt, ins Meer. Einige kleine Inseln sind der Stadt vorgelagert: Akurey, Engey und Videy.

Nordöstlich erhebt sich der 909 m hohe **Esja,** Hausberg der Reykvíkingur, wie sich die Einwohner Reykjavíks nennen. Im Norden ist die kleine Stadt **Akranes** mit dem 574 m hohen **Akrafjall** zu sehen. Im Nordwesten zieht sich die Halbinsel **Snaefellsnes** am Horizont entlang, und wenn das Wetter einigermaßen klar ist, sieht man an ihrem Ende — 96 km Luftlinie von Reykjavík entfernt — deutlich den schneebedeckten Vulkan **Snaefellsjökull** (1446 m). Östlich der Hauptstadt erhebt sich hinter der Mosfellsheidi der **Hengill** (803 m) und im Süden und Südwesten begrenzen die Berge der fast ganz von Lava bedeckten Halbinsel **Reykjanes** die Sicht.

Die Stadtgrenzen von Reykjavík sind kaum zu erkennen. Fast fließend gestaltet sich der Übergang in die Nachbargemeinden **Kópavogur** und **Seltjarnarnes**; selbst **Hafnarfjördur** kann eigentlich nur als Vorort angesehen werden.

Geschichte

Wie die Saga berichtet, warf Ingólfur Arnarson seinen Hochsitz über Bord, als er sich Island näherte. Er wollte den Göttern die Wahl des Platzes überlassen, an dem er sein neues Heim zu errichten gedachte. Mehr als zwei Jahre lang suchte er dann danach und fand ihn schließlich 874 am Rande einer Bucht, wo Dampfwolken aus heißen Quellen gen Himmel stiegen. Er gab ihr den Namen Reykjavík = **Rauch-Bucht**.

Bis ins **17. Jahrhundert** hinein blieb Reykjavík bedeutungslos und erst, als kleinere Handwerksbetriebe hier angesiedelt wurden, entstand ein Dorf. Fischerei und Fischverarbeitung leiteten den Aufschwung ein, der zur Verleihung der Stadtrechte am 18. August 1786 führte. Noch immer lebten hier erst 200 Menschen, doch die Entwicklung der Stadt schritt stetig voran. 1801 wurde Reykjavík zum alleinigen Bischofssitz Islands. Als die Stadt dann auch noch zum Standort des neu geschaffenen Gerichtshofs gewählt wurde, konnte sie schon als **Hauptstadt** des ganzen Landes betrachtet werden.

Der 1836 erstmals gewählte Stadtrat sah sie sicherlich so: er verbot 1842 den Bau von **Torfhäusern.** Wer fortan bauen wollte, mußte Holz, Stein oder Wellblech als Material verwenden.

In einer Reisebeschreibung aus dem Jahr 1845 wird Reykjavík so geschildert: „Das Städtchen Reykjavík besteht nur aus einer einzigen breiten Gasse, um welche herum noch einzelne Häuser und Kothen liegen. — Die Zahl der Einwohner beträgt nicht ganz 500."

Doch der Übergang Islands vom Mittelalter in die Neuzeit bereitete sich nun in der Hauptstadt vor. Als 1854 das **dänische Handelsmonopol** aufgehoben wurde, konnte ein unge-

Blick vom Turm der Hallgrímskirche über das Zentrum Reykjavíks. Das Schönste — die Farben der Dächer — müssen Sie selbst erleben.

ahnter Wirtschaftsaufschwung einsetzen, der von Jahr zu Jahr mehr Menschen vom bäuerlichen Land in die Metropole zog. Diese **Bevölkerungswanderung** hält noch immer an, wenn auch nicht mehr so stark wie im Jahrzehnt nach dem zweiten Weltkrieg, als Reykjaviks Einwohnerzahl um fast 30 000 Menschen zunahm.

Die moderne Stadt

Reykjavík ist kein Außenposten am Rand der Welt mehr. Freilich, mit Berlin, Wien oder Zürich kannn es sich nicht messen — und will es auch nicht. Als Handels-, Verwaltungs- und Regierungszentrum ist es auf die kleine Einwohnerzahl des Landes zugeschnitten. Große Kaufhäuser, Untergrundbahnen und riesige Wohnsiedlungen fehlen. Zwar kennt man auch hier Probleme wie in anderen Hauptstädten Europas, Parkplatznot oder immer wieder neue Baustellen zum Beispiel. In vielen anderen Beziehungen können sich die Reykvíkingur glücklich preisen: die Luft über der Stadt ist sauber, Industrieabgase sind fast unbekannt, abgesehen von zwei oder drei kleinen Fabrikschloten am Ostrand der Stadt raucht in Reykjavík kein Schornstein.

Geheizt wird hier nicht mit Öl, Strom oder Kohle, sondern mit **Wasser aus heißen Quellen.** 16 km von Reykjavík entfernt wird es beim kleinen Dorf Álafoss aus 300—620 m tiefen Bohrlöchern gewonnen und durch eine Rohrleitung in die zehn großen Tanks auf dem Hügel **Öskjuhlíd** gepumpt. Dort sind ständig 26 000 t Heißwasser gebunkert, die je nach Bedarf in das städtische Leitungsnetz einfließen und schließlich mit einer Temperatur von über 80° in den Haushalten ankommen. Seit einem ersten Versuch im Jahr 1937 werden auch alle Schwimmbäder der Stadt damit beheizt.

Ein anderer Stolz der Reykvíkingur ist ihr **Trinkwasser.** Es wird in unterirdischen Tanks in einem Nachbarhügel des Öskjuhlíd gespeichert und kann quellfrisch aus jedem Wasserhahn Reykjavíks getrunken werden — ohne Zusätze von Chlor oder sonstigen Chemikalien.

Das 1940 erbaute Universitätsgebäude ist inzwischen viel zu klein geworden, um die 2000 Studenten aufnehmen zu können.

Ein kleiner Stadtrundgang

Die meisten Sehenswürdigkeiten Reykjavíks sind vom Zentrum aus gut zu Fuß zu erreichen. Für den hier vorgeschlagenen Stadtrundgang benötigen Sie mit Besichtigungen etwa 3—5 Stunden, wobei Sie allerdings beachten sollten, daß die meisten Museen jeweils nur nachmittags und dann nur für zwei oder drei Stunden geöffnet sind.

Da die Einlaßzeiten in die Sammlungen öfters wechseln, erkundigen Sie sich am besten zuvor beim **Ferdakrifstofa Ríkisins,** dem staatlichen Fremdenverkehrsamt, danach. Es liegt in der Laekjargata 3.

Von hier aus sind es nur wenige Meter zum **Austurvöllur-Platz,** an dessen Südseite das Parlamentsgebäude und die Domkirche stehen. Die **Domkirche** gehört heute zu den kleinsten Gotteshäusern der Stadt und ist tgl. a. Do. 10-18 Uhr zur Besichtigung freigegeben. Sie stammt aus dem Jahr 1796. Im Innern wäre das Taufbecken erwähnenswert, das von dem berühmten dänischen Bildhauer Bertel Thorvaldsen (1770—1844) stammt.

Das **Parlamentsgebäude** wurde 1881 errichtet, noch heute treten hier die sechzig Mitglieder des Althing zu ihren Sitzungen zusammen. Die dänische Königskrone über dem Eingang erinnert als Relikt aus dem vorigen Jahrhundert an die Zeiten der kolonialen Unterdrückung.

In der Mitte des Austurvöllur-Platzes blickt die **Statue Jón Sigurdssons** auf das Parlamentsgebäude. Ihm vor allem hat es Island zu verdanken, daß es heute seine Geschicke selbständig lenken kann.

Wenn Sie jetzt in die Tjarnargata einbiegen, gelangen Sie am Teich **Tjörnin** mit seinem reichhaltigen Vogelleben und den hübschen Anlagen am Ufer vorbei zum Nationalmuseum Islands.

Das **Nationalmuseum** (Thódminjasafn Islands) wurde erst 1951 im jetzigen Gebäude untergebracht, besteht jedoch als Institution schon seit 1863. In den beiden unteren Etagen ist allerlei aus der isländischen Geschichte ausgestellt, von der Zeit der Besiedlung bis in unser Jahrhundert hinein. Am Eingang ist ein kleiner Führer erhältlich, der in englischer und isländischer Sprache kurze Erläuterungen zu den einzelnen Museumsräumen gibt.

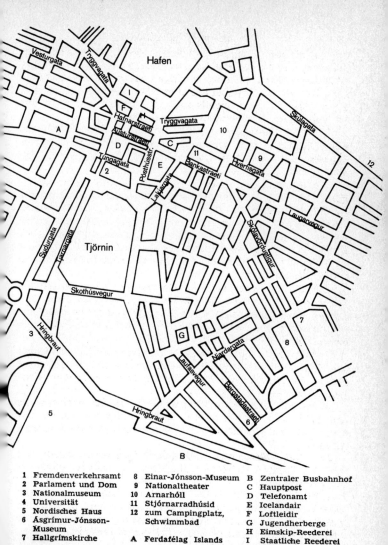

1 Fremdenverkehrsamt
2 Parlament und Dom
3 Nationalmuseum
4 Universität
5 Nordisches Haus
6 Ásgrímur-Jónsson-Museum
7 Hallgrímskirche
8 Einar-Jónsson-Museum
9 Nationaltheater
10 Arnarhóll
11 Stjórnarradhúsid
12 zum Campingplatz, Schwimmbad

A Ferdafélag Islands
B Zentraler Busbahnhof
C Hauptpost
D Telefonamt
E Icelandair
F Loftleidir
G Jugendherberge
H Eimskip-Reederei
I Staatliche Reederei

Neben den aus allen Landesteilen zusammengetragenen Altarbildern, Funden aus der Wikingerzeit und Trachten verdienen zwei Dinge besondere Beachtung: zum einen die **Trafakefli**, reich verzierte, geschnitzte Holzstäbe, die in früheren Zeiten die Rolle von Verlobungsringen spielten; zum anderen ein Gemälde von August Schiött (1823—1895). Der Maler stellt hier eine typische Szene aus dem Leben der isländischen Landbevölkerung dar, wie es seit der Besiedlung bis noch ins vorige Jahrhundert hinein überall anzutreffen war. Die Leute des Hofes sind in der Stube versammelt, eine Öllampe verbreitet spärliches Licht. Jemand liest vor, die anderen hören zu und verrichten dabei ihre Handarbeit. Als noch nicht jeder Hof seine eigene Bibliothek besaß, war man auf auswendig gelernte Erzählungen angewiesen — so hatten auch die isländischen Sagas über drei Jahrhunderte hinweg bis zu ihrer Aufzeichnung überliefert werden können.

Im obersten Geschoß des Nationalmuseums hat die Nationale **Kunstgalerie** (Listasafn Islands) Platz gefunden. Hier werden neben einigen Skulpturen vor allem Werke isländischer Maler des 20. Jahrhunderts gezeigt, aber auch ein früher Vasarely ist zu sehen.

An einem Studentenwohnheim vorbei, das im Sommer das **Hotel Gardur** beherbergt, gelangen Sie zum Hauptgebäude der **Universität** (Háskóli Islands). Sie wurde am 17. Juni (dem Tag aller großen nationalen Ereignisse) 1911 gegründet und bezog ihre heutige Unterkunft 1940. Das Haus ist inzwischen viel zu klein geworden, so daß ihre Institute jetzt über die ganze Stadt verteilt liegen. 2600 Studenten sind immatrikuliert. Seit 1976 gibt es in Reykjavík eine zweite isländische Universität, die ausschließlich Lehrer ausbildet und 325 Studenten zählt.

Auf dem Rasen vor der Universität steht eine Skulptur des Bildhauers Ásmundur Sveinsson, die **„Saemundur auf der Robbe"** genannt wird. Neben dem Unigebäude wurde ein Neubau errichtet, der einzig und allein der Aufbewahrung alter **Handschriften** und der Arbeit damit dient. Sie waren lange Zeit in dänischem Gewahrsam gewesen, und als die ersten (Ältere Edda und Flateyjarbók) am 21. April 1971 mit einem dänischen Kriegsschiff zurück nach Reykjavík gebracht wurden, war das einer der größten und festlich begangenen Tage in der isländischen Geschichte.

Der Universität schräg gegenüber liegt das **Nordische Haus** (Norraene Húsid). Es ist ein Gemeinschaftswerk der fünf skandinavischen Staaten und enthält neben einer Bibliothek eine gemütliche Cafeteria. Der Pavillon wurde nach Entwürfen des großen finnischen Architekten Alvar Aalto (geb. 1898) erbaut und am 24. August 1968 feierlich eröffnet.

Über Hringbraut und Njadargata könnten Sie nun weitergehen. Zunächst läge das **Ásgrímur Jónsson-Museum** an ihrem Weg (Bergstadastraeti 74). In diesem Haus lebte der 1876 geborene Künstler bis zu seinem Tod im Jahr 1958. In seinem Testament hat er es dem Staat vermacht, der hier im November 1960 die ständige Ausstellung von Werken des berühmtesten isländischen Malers eröffnete. Insgesamt sind etwa 470 Gemälde zu sehen.

Wenn Sie dann die Njardargata weitergehen, gelangen Sie zur **Hallgrímskirche.** Sie ist seit 1947 im Bau und noch immer nicht fertiggestellt, da sie fast ausschließlich aus Spendengeldern finanziert werden soll, die von den Frauen der Gemeinde gesammelt werden. Wie der Name schon sagt, ist sie dem Gedenken des Poeten Hallgrímur Pétursson geweiht.

Eine weitere Einkommensquelle für den Kirchenbau stellt der bereits fertiggestellte Turm der Kirche, **Hallgrímskirkjuturn,** dar. Er ist 75 m hoch; oben hängen 39 Glocken. Besucher können mit einem Fahrstuhl hinauffahren und sich Reykjavík aus der Vogelperspektive anschauen. Von hier aus ist die Farbenpracht der Dächer besonders hübsch anzusehen.

Vor der Kirche steht die **Statue Leifur Eiríksons,** der im Jahr 1000, lange vor Columbus also, Amerka entdeckt hatte. Eigentlich wollte er nur seinen Vater, der zum Vogelfreien erklärt worden war, in Grönland besuchen, verirrte sich dabei aber und landete im Land der Indianer. Die waren wohl nicht allzu freundlich, und so zog Leif es vor, wieder nach Island zurückzukehren. Immerhin waren diese Ereignisse den Amerikanern von heute Anlaß genug, dem isländischen Volk zum tausendjährigen Althing-Jubiläum im Jahr 1930 diese Statue (Bildhauer: Stirling Calder) zu schenken.

Neben der Hallgrímskirche steht in der Eiríksgata das **Einar Jónsson-Museum.** Einar Jónsson war der erste nennenswerte Bildhauer Islands.

Der Weg zurück ins Stadtzentrum führt den Skólavördustígur entlang, an dem sich auch ein **Museum ausgestopfter Tiere** (Islenzka Dýrasafnid) befindet, für das sehr viel Werbung betrieben wird. Der Eintrittspreis ist aber stark überhöht, zumal Sie ähnliches im staatlichen Naturkundemuseum kostenlos sehen können. Die Ausstellung beschränkt sich auf einen Raum und zeigt — was soll's? — gar ausgestopfte Kanarienvögel und Wellensittiche.

Über die Smidjustraeti gelangen Sie in die Hverfisgata, wo das 1923—1950 errichtete **Nationaltheater** steht. Gleich daneben liegt das Gebäude der **Nationalbibliothek.**

Ein paar Schritte weiter sind Sie auf dem **Arnarhóll,** dem Adlerhügel. Von oben blickt die Statue des ersten Siedlers, Ingólfur Arnarson, auf die Stadt herab.

Sie sind jetzt bald wieder am Ausgangspunkt unseres Stadtrundgangs, am Fremdenverkehrsamt. Wenn Sie dorthin zurückgehen, kommen Sie noch am **Stjórnarrádhusid** vorbei, in dem heute der Ministerpräsident und das Außenministerium ihre Büros haben. Vor dem Haus stehen zwei Statuen, die eine zum Gedenken an Hannes Hafstein, den ersten Minister Islands, und die andere zur Erinnerung an den dänischen König Christian IX., der Island 1874 eine Verfassung gegeben hatte.

Andere Sehenswürdigkeiten in Reykjavík

Einige **ältere Häuser** aus dem vorigen Jahrhundert sind im Westteil der Stadt noch erhalten. Das Viertel um den Platz **Hlemmur** herum stammt größtenteils aus den zwanziger Jahren unseres Jahrhunderts.

Am Hlemmur finden Sie das **Naturkundemuseum** (Eingang in der Hverfisgata 116). Es besteht zwar nur aus einem Ausstellungsraum und ist für unsere Verhältnisse nicht sehr beeindruckend, weist aber trotzdem eine gute Sammlung von Steinen und ausgestopften Tieren auf. Vielleicht sind Ihnen draußen so manche Vögel begegnet, deren Namen Sie nicht kannten und die Sie hier nun nachträglich erfahren.

Ein weiteres, sehenswertes Museum liegt im Ostteil der Stadt, ganz in der Nähe des Campingplatzes: das **Ásmundur Sveinsson-Museum.** Eine Auswahl seiner Skulpturen ist sowohl vor als auch im Haus ausgestellt, und wenn Sie Glück

---

Der Turm der **Hallgrímskirche** im Jahr 1972.
Von oben genießen Sie einen herrlichen Blick über Reykjavík und seine Umgebung, bis zum Snaefellsjökull reicht das Auge.

haben, führt Sie der Künstler selbst durch seine Sammlung. Er ist jetzt übrigens staatlich angestellter Leiter seines eigenen Museums.

Die Heißwassertanks auf dem **Öskjuhlíd** sind schon erwähnt worden. Der Weg hinauf lohnt sich, nicht nur aus technischem Interesse, sondern auch wegen des guten Ausblicks auf Reykjavík und seine Umgebung.

Die Insel **Videy** liegt nur wenige hundert Meter vor der Küste. Im Sommer verkehren mehrmals täglich Motorboote zwischen dem Sundahöfn und der Insel, auf der Sie neben einem Haus und einer Kirche aus der Mitte des 18. Jahrhundterts auch heiße Quellen anschauen können, die hier, nahe am Ufer, manchmal sogar das Baden im Meer ermöglichen.

Ausflug nach Arbaer
(geöffnet Anfang Juni bis Ende August)

Sie können mit dem eigenen Wagen, dem Taxi oder auch vom Hlemmur aus mit dem Bus Nummer 10 nach Árbaer fahren.

Ihr Weg führt Sie in allen Fällen an einer sehr interessanten Statue von Sigurjón Olafsson vorbei, die den Namen 'Hesturinn' (= das Pferd) trägt. Sie zeigt Ihnen, wie bis etwa 1940 alle Transporte in Island durchgeführt werden mußten.

Kurz darauf überquert die Straße die **Ellidaá**, einen Fluß, der selbst hier im Gebiet der Landeshauptstadt noch so rein und klar ist, daß sich Lachse in ihm wohlfühlen.

Von der Brücke aus sehen Sie rechts Tanks, die zu einem **Kraftwerk** gehören, das mit Öl betrieben wird und nur für Notfälle bereitsteht. Das daneben liegende weiße Haus mit rotem Dach war das erste Elekrizitätswerk Reykjavíks, 1921 erbaut. Heute ist es den Reykvíkingur ein liebes Souvenir aus alten, schlechteren Zeiten.

Wenn Sie mit dem eigenen Wagen unterwegs sind, könnten Sie nach der Brücke rechts abbiegen und gelangen dann, am eben erwähnten Kraftwerk vorbei, nach Árbaer. Der Bus fährt etwas anders, der Fahrer wird Ihnen aber sicherlich gerne sagen, wo Sie aussteigen müßten.

Das städtische **Freilichtmuseum Árbaer** wurde im Jahr 1957 gegründet. Seinen Namen trägt es nach der alten Farm, die mehrere Jahrhunderte lang hier stand und deren letzte Gebäude heute noch auf dem Ausstellungsgelände zu sehen sind. Sie stammen aus der Zeit um die Jahrhundertwende und beherbergten bis 1936 eine Raststätte für den nach und von Reykjavík ziehenden Verkehr. Als im Jahr 1948 die letzten Bewohner die Farm Árbaer verließen, beschlossen die Behörden, die Häuser nicht wie sonst üblich nieder zu reißen, sondern als Mittelpunkt eines zukünftigen Museums zu erhalten.

Heute stehen hier insgesamt zehn Gebäude. Die meisten von ihnen wurden aus dem Zentrum Reykjavíks hierhergebracht, weil sie dort neuen Bauvorhaben weichen mußten.

Das **'Haus des Schmieds'** ist das älteste von allen (1820 erbaut). Es stand bis zu seiner 'Verpflanzung' neben der Domkirche.

Das **'Dillons Haus'** ist das zweitälteste, es stammt aus dem Jahr 1835. Ein junger englischer Adliger, Arthur Dillon, schenkte es seiner isländischen Freundin, die er heiraten wollte (woraus dann allerdings nichts wurde).

Die **Kirche** gleich links vom Eingang kommt nicht aus Reykjavík, sondern aus Silfrastadir in Nordisland. Sie war 1840 erbaut worden und kann dem, der nur für kurze Zeit auf Island weilt, eine gute Vorstellung vom isländischen Kirchenbau vergangener Jahrhunderte vermitteln.

• Neben seinen Bauten hat das Museum Árbaer noch anderes zu bieten: Aufsicht führen junge Isländerinnen in alten **Trachten** und an manchen Sonntagen werden Vorführungen einer alten Sportart, des **Glíma**, veranstaltet.

Hotels und Restaurants

Die **Unterkunftsmöglichkeiten** in Reykjavík sind breit gestreut. Sie können in teuren **Luxus-Hotels** wohnen, die teilweise ihr eigenes Schwimmbad mit Sauna besitzen (z. B. Hotel 'Loftleidir'), aber auch in gemütlichen kleinen Häusern zu niedrigeren Preisen.

Direkt **im Zentrum** liegen drei Hotels: das altehrwürdige Hotel 'Borg' (am Austurvöllur) sowie die preiswerteren Hotels 'Vík' und 'City'.

Nur während des Sommers ist das **Edda Hotel** und das Hotel 'Gardur geöffnet. Es wird von Studenten in einem der zur Universität gehörenden Wohnheime betrieben. Die **Jugendherberge** liegt etwa fünf Gehminuten vom Zentrum entfernt in einer stillen Nebenstraße. Der **Campingplatz,** dessen Benutzung nichts kostet, findet sich im Ostteil der Stadt. Er ist weder bewacht noch umzäunt, bietet aber gute sanitäre Anlagen einschließlich fließend heißem Wasser.

Auch an **Restaurants** haben Sie in Reykjavík eine gute Auswahl. In der Innenstadt wären das 'Kokk-Húsid' (gegenüber dem Fremdenverkehrsamt) und das 'Krain' (am Hlemmur) zu empfehlen, wenn Sie etwas **Preiswertes** suchen. Teurer, aber entsprechend gut und im Besitz einer **Alkoholausschankgenehmigung** sind die Restaurants 'Odal' und 'Naust'. Im 'Hábaer' an der Hallgrímskirche werden auch **chinesische Spezialitäten** angeboten.

Vierundzwanzig Stunden lang ununterbrochen geöffnet ist die Cafeteria im Zentralen **Busbahnhof** am Hringbraut, in der Sie auch einfache Gerichte erhalten können.

Die einzigen **Cafés,** die diesen Namen verdienen, sind das 'Tröd' gegenüber der Hauptpost und das 'Mokka' am Skólavördustígur.

Ein **Restaurant-Verzeichnis** mit Adressen können Sie beim Staatlichen Fremdenverkehrsamt anfordern.

Sport, Unterhaltung, Einkauf

Reykjavíks größtes Sportgelände liegt am Campingplatz. Es umfaßt das **Stadion** 'Laugardalsleikvangur' und die **Sporthalle,** in der 1972 die Weltmeisterschaftspartien im Schach zwischen Bobby Fischer und Boris Spassky ausgetragen wurden. Beide Einrichtungen werden für Ihre aktive sportliche Betätigung wohl nicht in Betracht kommen — im Gegensatz zum **Freischwimmbad** 'Sundlaug Reykvíkur'. Es ist das größte in Island und bietet neben einem großen Schwimmbecken mit angenehm temperiertem Wasser vier sogenannte **'Hot Pots',** die jeden Besuch zum Erlebnis werden lassen. 'Hot pots' sind kleine, runde Becken, in die rundherum Sitzbänke eingelassen wurden und in denen die Wassertemperatur zwischen 40 und 80° beträgt.

Neben einem weiteren Freibad ähnlichen Stils im Westteil der Stadt (Sundlaug Vesturbaejur) gibt es in Reykjavík dann noch ein **Hallenbad** (Sundhöllin).

Saunas finden sich in den beiden Freibädern, in den Hotels 'Loftleidir' und 'Saga' sowie in einigen privaten Anstalten.

Dem Golffreund stehen zwei Plätze zur Verfügung. Wenn Sie dazu gehören, bitten Sie am besten ein Reisebüro, für Sie beim zuständigen Golfklub anzurufen.

Wintersportlern werden neben der Möglichkeit zum Schlittschuhlaufen auf dem See Tjörnin tägliche Busverbindungen zum nahegelegenen Skigelände in Hveradalir geboten.

Eine moderne **Bowlingbahn** steht in der Nähe des Hotels 'Esja' am Laugavegur.

Ein ausgeprägtes **Nachtleben** fehlt in Reykjavík. Kinos, Konzerte und Theater sind immer gut besucht, ebenso die Tanzlokale und Restaurants mit Programm. Damit sind die möglichen Unterhaltungen aber auch schon aufgezählt.

In den **Kinos** werden nur ausländische Filme in Originalsprache gezeigt, angelsächsische und skandinavische Produktionen spielen dabei die Hauptrolle. Für die Isländer werden Untertitel gebracht, und da niemand Wert auf den Originalton legt, wird dieser oft sehr leise gestellt. Es empfiehlt sich also, einen Platz in der Nähe der Lautsprecher zu wählen.

Island besitzt ein nationales Symphonieorchester, das außer in den Sommermonaten regelmäßig **Konzerte** in der neuen Universitäts-Halle am Hagatorg-Platz gibt.

Auch die beiden **Theater** spielen nur außerhalb der eigentlichen Reisesaison.

Tanzlokale gibt es für jeden Geschmack. Moderne Unterhaltungsmusik (Pop) ist vor allem in der Diskothek 'Klúbburinn' zu hören, die aber meist vollkommen überfüllt ist. Etwas ruhiger geht es im 'Sígtún' am Austurvöllur zu. Für Freunde des Gesellschaftstanzes empfehlen sich die Hotels 'Borg', 'Loftleidir' und 'Esja'.

Die Hotels 'Loftleidir' und 'Saga' sowie das Restaurant 'Rödull' bieten an manchen Abenden **Varieté-Programme** an.

Hauptgeschäftsstraßen von Reykjavík sind Austurstraeti und Hafnarstraeti (in diesen beiden finden Sie die meisten Souvenirläden), Bankastraeti und Laugavegur (mit mehreren kleinen Kaufhäusern) sowie Skólavördustígur. Lebensmittelgeschäfte und Buchhandlungen gibt es überall in der Stadt.

Verkehrsmittel

Innerstädtische Buslinien bringen Sie in jeden Teil Reykjavíks. Im Informationsbüro der Gesellschaft (Straetisvagnar Reykjavíkur) am Hlemmur erhalten Sie einen Streckenübersichts- und einen Fahrplan. Der Fahrpreis richtet sich nicht nach der Entfernung; Umsteigen ist ohne Aufschlag möglich. Das Fahrgeld müssen Sie abgezählt (!) beim Fahrer entrichten.

Billets bekommen Sie nur auf ausdrücklichen Wunsch hin; Sie benötigen sie zum Umsteigen.

Busse nach Hafnarfjördur und Kópavogur fahren in der Nähe des Fremdenverkehrsamtes ab. Alle anderen **Überlandlinien** starten am Zentralen Busbahnhof Hringbraut.

Flughafenbusse nach Keflavík verkehren ab Hotel 'Loftleidir' (für Flüge dieser Gesellschaft) und vom städtischen Flugplatz (ICELANDAIR-Terminal) aus.

Der innerisländische **Flugverkehr** wird auf dem Stadtflughafen abgewickelt; Verbindungen nach Europa und den USA beginnen in Keflavík.

Sommer-Festival

Seit 1970 findet in Reykjavík alle zwei Jahre im Juni ein 'Nordatlantik-Festival' statt. Berühmte ausländische Orchester, Ballettgruppen, Theater und Sänger geben sich ein Stelldichein, das in wachsendem Maße auch für Touristen zum Anziehungspunkt wird. Die Eintrittspreise sind nicht allzu hoch, da der isländische Staat erhebliche Zuschüsse gewährt.

Einige nützliche Adressen

Fremdenverkehrsamt: Ferdamálarád Islands, Laugavegur 3
Touristenverein: (Ferdafélag Islands), Öldugata 3
Automobilklub: (FIB), Ármúli 27
Icelandair: Laekjargata 4
Loftleidir: Vesturgata 2
Eimskip: Pósthússtraeti 2
Landsbanki Islands: Austurstraeti 11
Utvegsbanki Islands: Laekjartorg
Hauptpostamt: Pósthússtraeti 5
Telefon- und Telegrafenamt: Thorvaldsenstraeti 4
Nationaltheater: Hverfisgata
Idno Theater: Vonarstraeti 3

Weitere Adressen, insbesondere von Reisebüros, Mietwagenfirmen und Botschaften finden Sie in den entsprechenden Abschnitten im hinteren Teil dieses Büchleins.

Reykjavíks Hauptstraße, die Austurstraeti. Nicht zu vergleichen mit dem Kurfürstendamm, aber für den immer stärker werdenden Verkehr ebenfalls zu klein.

C
STRECKENBESCHREIBUNGEN

In diesem Teil werden die meisten Strecken beschrieben, denen die angebotenen Touren folgen bzw. die Sie allein oder mit dem Linienbus entlangfahren könnten. Zunächst kommen die Routen durch bewohnte Gebiete, wobei eine Fahrt rund um die Insel als erstes geschildert wird. Daran schließen sich Abstecher auf die verschiedenen Halbinseln und in die landeinwärts gelegenen, aber fruchtbaren Täler an. In der zweiten Hälfte folgen dann Strecken durch das unbewohnte Hochland.

Die Straßen in den bewohnten Gebieten sind für Fahrzeuge aller Art befahrbar. Bei Hochlandwegen finden Sie Angaben darüber, mit welchen Autos sie zu bewältigen sind. Da die Benutzbarkeit jedoch sehr stark vom Wetter abhängig ist, empfiehlt es sich, darüber vor der Abfahrt in einem Hotel (das meist beim Staatlichen Straßenamt telefonisch anfragen wird) Auskunft einzuholen.

Eine weitere Hilfe für Ihre Reiseplanung soll es sein, daß wir — wie es sich bereits in vielen Goldstadt-Reiseführern bewährt hat — umfangreichere Beschreibungen von Städten und Landschaften in Teil D alphabetisch aufgeführt haben. Die jeweils in Betracht kommenden Namen sind zur Kennzeichnung mit einem Stern (*) versehen.

Abseits der hauptsächlich beschriebenen Routen liegende Ort- und Landschaften sind, um das Abreißen des „Roten Fadens" zu vermeiden, ebenso in Kleindruck gesetzt wie die jeweiligen kurzen, allgemeinen Angaben zu den einzelnen Strecken.

Und nun viel Spaß!

Rund um die Insel

1. Reykjavík — Núpsstadur — Skaftafell

Diese ca. 340 km lange Strecke erschließt Ihnen den Süden Islands. Das letzte Teilstück dieser Straße über den Skeidarársandur* ist erst 1974 — als Geburtstagsgeschenk Islands an sich selbst zur 1100-Jahr-Feier — fertiggestellt worden. Vorher war eine Inselrundfahrt unmöglich wegen dieser fehlenden 30 km. Zumindest im Sommer ist die Fahrt jetzt problemlos zu bewältigen.

Zwischen Reykjavík und Selfoss ist die Straße sogar asphaltiert.

Kurz nachdem Sie Reykjavík hinter sich gelassen haben, sehen Sie linkerhand einen kleinen See, den **Raudavatn.** An seinen Ufern wurden Anfang dieses Jahrhunderts erste Aufforstungsversuche unternommen, für die man aber eine ungeeignete Baumart gewählt hatte, so daß bis heute kein Wald daraus wurde. Wie sehr die Reykvíkingur aber einen „Stadtwald" wünschen, ist daran zu erkennen, daß sie wenige hundert Meter weiter an der rechten Straßenseite vor einiger Zeit erneut Setzlinge gepflanzt haben, die in 50 Jahren — so hoffen sie — hoch genug für einen schönen Spaziergang gewachsen sein werden.

Am Fuß des Vifilsfell (655 m) liegt dann rechts das Segelfluggelände **Sandskeid,** am stets aufgeblähten Windsack zu erkennen. Links voraus können Sie schon den 803 m hohen **Hengill** sehen. Die Fahrt geht durch das Lavafeld **Svínahraun** bis zur ersten heißen Quelle an dieser Strecke beim Hotel **Hveradalir,** das mit dem Wasser daraus beheizt wird.

Sie sind jetzt auf der **Hellisheidi,** deren Lavaflächen vom Ausbruch einer 12 km langen Kraterreihe auf dem nordwestlich gelegenen, kaum als solchen zu erkennenden Schildvulkan Mosfellsheidi herstammen. Die Lava floß im Jahr 1000, gerade als das Althing über die Annahme des Christentums entscheiden sollte. Die Bewohner dieser Gegend schickten sofort Boten zum Parlament, um zu melden, daß die alten Götter grollten — umsonst, der neue Glaube wurde angenommen: es habe schließlich auch früher schon Vulkanausbrüche gegeben.

Wenn Sie das Lavafeld durchquert haben, fällt das Gelände steil ab. Sie stehen auf dem Berg **Kambar** und können einen großartigen Blick über die südisländische Küstenlandschaft werfen. Im Meer draußen sind die Westmänner-Inseln* zu erkennen, auf dem Festland in der Ferne die Hekla*, der Tindfjallajökull (1441 m) und der Eyjafjallajökull (1685 m) und ganz in der Nähe der **Ingólfsfjall** (551 m). Er trägt den Namen Ingólfur Arnarsons, der hier einen Winter verbracht haben soll. In einem kleinen Hügel oben auf dem Bergrükken, der auch von weitem deutlich zu erkennen ist, soll Ingólfur begraben liegen.

Die Straße windet sich jetzt den Hang des Kambar hinunter und führt dann an **Hveragerdi** * vorbei.

Im nächsten Taleinschnitt liegt die Farm **Reykir**. Hier lebte einst Oddur Gottskálksson, der als erster das Neue Testament ins Isländische übersetzt hatte und es 1540 in Kopenhagen drucken ließ.

Am Fuß des Ingólfsfjall gabelt sich die Straße. Links geht es nach Skálholt weiter (Strecke 6). Unsere Strecke biegt rechts ab.

Hinter der Brücke über die **Ölfusá,** Islands wasserreichstem Fluß, liegt der größte Ort des Landes, der nicht an der Küste gebaut wurde: **Selfoss**. Seine Einwohnerzahl hat sich zwischen 1940 und 1971 von 225 auf 2 444 erhöht! Grundlage der Wirtschaft ist hier die auf den Ebenen um Selfoss betriebene Milchviehhaltung, die die Molkerei des Dorfes zur größten Islands (und manche behaupten sogar: Skandinaviens) werden ließ.

Wenn Sie nach der Brücke links abbiegen und dann in die zweite Straße rechts hineinfahren, gelangen Sie zum Hallenschwimmbad (montags geschlossen) und zum kleinen Heimatmuseum (im Sommer täglich von 14—16 Uhr geöffnet, an manchen Tagen auch länger). Für Übernachtungen stehen zwei Hotels zur Verfügung, Hotel 'Selfoss' und Hotel 'Tryggvaskan'.

Die jetzt schlechter werdende Straße führt weiter durch grüne Weiden und überquert bald den mit 230 km längsten Fluß Islands, die vom Hofsjökull herkommende **Thjórsá**.

Nächste Ortschaft ist **Hella**. Kurz vor der Brücke über die Ytri-Rangá erhebt sich rechts ein kleiner Hügel, auf dessen Spitze ein Gehöft steht. Nur wenige Meter abseits der Hauptstraße liegen da ca 5—7 m lange Höhlen, **Aegisída** genannt, in denen zur Zeit der Besiedlung irische Mönche gelebt haben sollen. Zwei dieser Höhlen, die heute als Keller benutzt werden, sind leicht zugänglich: heben Sie einfach die angelehnten Holztüren beiseite und treten Sie ein. Sollten die Bewohner des benachbarten Bungalows zuhause sein, fragen Sie vielleicht vorher der Höflichkeit wegen besser um Erlaubnis.

In Hella befindet sich ein deutsches Vizekonsulat, direkt daneben ein kleines Hotel. Zur nahen Tankstelle gehört ein Restaurant.

Der **Skógafoss** in Süd-Island — wenn Sie wollen, können Sie bis auf 15 m heranfahren. Dann aber ist Regenkleidung angebracht.

Auf der Straße von Hella nach Hvolsvöllur eröffnen sich Ihnen immer wieder neue, gute Ausblicke auf die verschiedenen Gletscher. **Hvolsvöllur**, 105 km von Reykjavík entfernt, ist eine kleine Ortschaft mit etwa 250 Einwohnern.

Nach Hvolsvöllur könnten Sie Ihre Fahrt entweder auf der kürzeren Hauptstraße fortsetzen oder unserer Strecke folgend einen kleinen, aber lohnenswerten Umweg machen. Beide Routen führen an der Brücke über den Markarfljót wieder zusammen.

Wollen Sie also eine Stunde Zeit für einen kleinen Abstecher opfern, können Sie an der Weggabelung nach Hvolsvöllur die linke Straße wählen und durch leicht gewelltes Land im Angesicht der Gletscher nach **Hlídarendi** fahren. Der **Sagafreund** steht hier auf historischem Boden, wenn auch die jetzigen Gebäude aus neuerer Zeit stammen. Trotzdem mögen Erinnerungen an die Geschichte vom verbrannten Njál aufkommen.

Kurz hinter Hlídarendi geht die Fahrt an einem mit Bäumen umstandenen Rasenstück vorbei, in dessen Mitte die Büste des in dieser Gegend geborenen Dichters Thorsteinn Erlingsson (1858—1914) steht.

Wenn Sie dann an der nächsten Weggabelung dem Wegweiser in Richtung „Markarfljótsbrú" folgen, müssen Sie zunächst einige seichte Arme des Flusses Thverá durchqueren, die noch nicht überbrückt sind. Sie stellen aber für kein Fahrzeug ein Hindernis dar. Die Straße führt nun durch Sandflächen am einsamen Berg **Stóra-Dímon** (178 m) vorbei, den man auch schon von Hlídarendi aus sah.

Wenige Kilometer hinter der **Markarfljótsbrú** stürzt links der Straße der erste größere Wasserfall von den Felsen herab: der **Seljalandsfoss**. Von nun an führt der Weg an vielen kleinen Wasserfällen und Basaltfelsen entlang. Dann wird rechts der Salzwassersee **Holtsós** sichtbar, gegen das Meer hin vom Eyjafjallasandur abgegrenzt.

Bald ist die Brücke über den Gletscherfluß Skogá erreicht, von der aus sich linkerhand schon ein prächtiger Blick auf den Wasserfall **Skógafoss** eröffnet, der mit mehr als 60 m Fallhöhe und etwa 25 m Breite zu den schönsten in Südisland gehört. Sein Name bedeutet auf deutsch „Waldfall", Zeichen dafür, daß hier zur Zeit der Besiedlung wie überall im Land noch ausgedehnte, wenn auch niedrige Wälder standen.

Sie können mit dem Wagen ganz dicht an den Skógafoss heranfahren, wenn Sie in die erste Straße links nach der Brücke einbiegen. Der gleiche Weg führt in die kleine Siedlung **Skógar**, Sitz eines Internats, das im Sommer als Edda-Hotel (mit Restaurant) dient. Auch wer hier nicht übernachtet, kann das Hallenbad der Schule benutzen.

Das Heimatmuseum am Ortsende der Siedlung beherbergt eine interessante Sammlung von Gegenständen und Geräten des täglichen Lebens vor allem des letzten Jahrhunderts (im Sommer ganztägig geöffnet, sonst im Haus nebenan klingeln).

Weiter geht die Fahrt, ganz in der Nähe des großen Gletschers **Mýrdalsjökull***, über die Sandflächen des **Sólheimasandur** und den Fluß Jökulsá.

Hinter der Brücke über die Jökulsá führt links ein für alle Fahrzeuge befahrbarer Weg an den Rand des schon von unten her gut sichtbaren **Sólheimarjökull**, eine Gletscherzunge des Mýrdalsjökull.

Die Hauptstraße läßt den Sólheimarjökull hinter sich und verläuft am 284 m hohen Palagonitfelsen **Pétursey** entlang weiter. Von hier aus können Sie jetzt gut das südlichste Kap Islands, Kap **Dyrhólaey,** sehen (oder, wie es auch genannt wird: Kap Portland).

Folgen Sie dem Wegweiser nach „Dyrhólaeyhverfi", gelangen Sie nach 4 km hinauf zum Leuchtturm. Das charakteristische Felsentor, ist durch das stete Anbrausen des Meeres in das Palagonit-Gestein gebrochen worden.

Bei klarer Sicht erkennen Sie große Teile des Mýrdalsjökull im Norden und zu Ihren Füßen vielleicht einige Seehunde. Der Küstenstreifen um Kap Dyrhólaey wimmelt manchmal von ihnen. Vögel sind, schon beinahe selbstverständlich, in Hülle und Fülle zu beobachten, vor allem Mantelmöwen und **Papageientaucher.**

Die nächste Ortschaft ist **Vík í Mýrdal.** Falls Sie nach den 196 km schlaglochübersäter Straße von Reykjavík her müde geworden sind, bietet Ihnen das preiswerte Hotel 'Gistihús K.S.' Unterkunft und Verpflegung. Der Ort selbst hat etwas weniger als 400 Einwohner. Vor dem Weltkrieg betrieb die Bevölkerung teilweise noch Fischfang; da Vík jedoch über keinen Hafen verfügt, war dieses Unterfangen recht beschwerlich und wird heute nicht mehr betrieben.

Hinter Vík beginnt die 700 qkm große Einöde des **Mýrdalssandur,** dessen Geschichte aufs engste mit dem Vulkan Katla* verknüpft ist. Zwanzig Kilometer lang sehen Sie nur noch Sand und Steine um sich herum.

12 km nach Vík biegt rechts ein etwas beschwerlicher Weg zum **Hjörleifshöfdi** ab, einem 221 m hoch aus der Ebene herausragenden Berg. Er ist nach dem Wikinger Hjörleifur (auch als Leifur Hródmarsson bekannt, s. Westmänner-Inseln*) benannt, der um 870 mit Ingólfur Arnarson zusammen nach Island aufbrach und hier an Land ging.

Das Bild am Ende des Sanders gleicht dem Reliefmodell einer Vulkanlandschaft. Beiderseits der Straße erheben sich wenige Meter hohe Hügel, die Vulkanen ähnlich sehen, aber keine sind. Daher bezeichnet man sie auch als Scheinvulkane oder Pseudo-Krater. Sie entstehen dann, wenn heiße Lava über wasserreichen Untergrund fließt, wobei es zu Explosionen kommt, die diese Hügel aufwerfen.

Wenn Sie vor Überquerung der **Skálm** geradeaus weiterfahren, kommen Sie nach **Thykkvabaejarklaustur**, früherer Standort eines 1168 gegründeten Klosters. Der Weg führt noch weiter bis dicht an die Küste, wo ein Leuchtturm und eine Schutzhütte für gestrandete Seeleute stehen. Er ist normalerweise für Fahrzeuge aller Art befahrbar.

Die Hauptstraße überquert die Skálm, zieht sich durch das Lavafeld Skálmarbaejarhraun und führt dann wieder für kurze Zeit in fruchtbarere Gebiete. Kurz danach aber müssen Sie durch eine der größten Lavawüsten Islands, die **Nýja-Eldhraun**. Die ganze Lavafläche, von der Sie nur einen Teil überblicken können, erstreckt sich über mehr als 550 qkm und stammt von einem einzigen Vulkanausbruch her, dem des **Laki*** im Jahr 1783.

Kurz vor **Kirkjubaejarklaustur** wird die Landschaft wieder lieblicher. Das wird auch gleich von vielen Campingfreunden genutzt, deren bunte Zelte hier überall zwischen den kleinen, grünen Hügeln stehen und den krassen Gegensatz zu den einsamen Flächen, die man eben zuvor sah, noch unterstreichen.

Kirkjubaejarklaustur selbst ist eine kleine Siedlung, an der Skaftá gelegen, mit nur etwa 50 Einwohnern. Hier haben schon vor der Landnahme durch die Wikinger irische Mönche gelebt. Später dann stand hier bis zur Einführung der Reformation ein Benediktinerkloster (1186—1550). Heute ist der Weiler ein beliebtes Ausflugsziel der Isländer; zwei Hotels stehen zur Verfügung. Wenige hundert Meter entfernt finden Sie 50 m links der Straße 203 den sogenannten „Kirchenboden" (Kirkjugólf), ein durch Säulenbasalt gebildetes Naturpflaster.

Kap **Dyrhólaey** vom Schiff aus gesehen.

Bis zum Ende der ursprünglich befahrbaren Straße kurz hinter **Núpstadur** (Kapelle von 1659 beim Gehöft) sind es ca. 36 km. Wenn Sie am Ziel angekommen sind, könnten Sie auf den 727 m hohen Lómagnúpur klettern, von dem aus der Anblick der Landschaft noch überwältigender ist als schon von unten aus: Sie sehen über die Ebene des größten isländischen Sanders, den **Skeidarársandur***, mit seinen unzähligen, kaum zu bändigenden Wasserläufen, die noch immer nicht zu überbrücken gewesen sind.

Nördlich vom Sander liegt eine Zunge des **Vatnajökull***, der Skeidarárjökull, auf der anderen Seite der vor Ihnen sich erstreckenden Wüste ducken sich die wenigen Gehöfte von Öraefi (**Skaftafell***) unter dem Öraefajökull mit seiner und zugleich Islands höchsten Erhebung, der Hvannadalshnúkur.

Auf neuer Straße geht es jetzt über zahlreiche lange Brücken über den **Skeidarársandur*** weiter nach Skaftafell.

2. Reykjavík — Akureyri

452 km trennen Reykjavík von Akureyri, der „Hauptstadt des Nordens". Das sind je nach Temperament 9 — 13 Stunden Autofahrt. Die ersten 20 km nach der Stadtgrenze Reykjavíks sind seit 1972 asphaltiert, danach beginnen die typisch-isländischen unbefestigten Straßen. Rasthäuser, Hotels und Tankstellen finden Sie entlang der ganzen Strecke zahlreich.

In der Nähe der Landeshauptstadt passieren Sie zunächst die in den Fachkreisen der ganzen Welt berühmte landwirtschaftliche Versuchsstation **Keldur**. Hier werden mit Unterstützung der Rockefeller Foundation Arzneimittel gegen Rinder- und Schafseuchen entwickelt, die im Kampf gegen die in früheren Jahren immer wieder zu großen Einbußen im Viehbestand führenden Epidemien eingesetzt werden.

Die Straße führt am Dorf **Álafoss** vorbei, wo sich die heißen Quellen befinden, aus denen Reykjavík sein heißes Wasser bezieht. Ein Abstecher dorthin lohnt sich mehr der technischen Anlagen wegen als der kaum noch verbliebenen Schönheit der Natur.

Links des Wegs liegt dann die Bucht **Leirvogur**. Hier landeten vor der Besiedlung Islands durch die Wikinger des öfteren Iren.

Am 909 m hohen Basaltberg **Esja** vorbei geht es zum tiefeingeschnittenen, von Bergen umgebenen **Hvalfjördur,** dem Hauptstützpunkt alliierter Schiffe auf Island während des zweiten Weltkriegs. Einige Reste der Kaianlagen sind heute noch zu sehen.

Nach einiger Zeit erreichen Sie den Fluß Laxá, in dem es, wie der Name schon sagt, von Lachsen wimmelt. Das Wasser fällt hier über etliche Stufen herab, und wenn Sie einige Minuten lang geduldig am Ufer warten, können Sie mit etwas Glück die Lachse flußaufwärts springen sehen.

Auf der anderen Seite des Fjords liegt die **Walstation,** eine der großen Touristenattraktionen Islands. Es ist die einzige im Land, seit 1948 in Betrieb. In jedem Sommer fahren einige Fangschiffe hinaus ins Nordmeer und landen dann hier ihre Beute: 300—500 Wale jedes Jahr. Sie werden sofort an Land gezogen, mit Motorsägen, Seilwinden und anderem schweren Werkzeug zerkleinert und dann zu den verschiedenen Produkten weiterverarbeitet. Blut fließt in großen Mengen, das Wasser ist rot davon, die Möwen finden genügend Nahrung. Der Anblick der riesigen Wale ist überwältigend, der Geruch, den ihre Kadaver verbreiten, allerdings auch. Trotzdem: zuschauen lohnt auf jeden Fall.

Hinter der Walstation erhebt sich wie eine Burg der Felsen **Thyrill** (388 m). Vor der Küste liegt das kleine Inselchen **Geirshólmur,** das in der Hardasaga eine Rolle spielt.

8 km weiter kommen Tankstelle und Gehöft **Ferstikla.** Von hier aus können Sie zwei Wege wählen, die beide wieder nach einigen Kilometern zusammentreffen.

Der eine folgt mehr der Küste. Er führt nach einem Kilometer am Pfarrsitz **Saurbaer** vorbei. Auf dem Friedhof der kleinen Kirche liegt der noch immer berühmteste und geliebteste Dichter Islands, Hallgrímur Pétursson, begraben, der hier in Saurbaer die meisten seiner Psalmen und Lieder dichtete.

Die andere, 15 km kürzere Verbindung führt durch das Skorradalur. Sie trägt, wie viele isländische Straßen, einen eigenen Namen: **Dragavegur.** Zunächst geht es bergan auf den Ferstikluhals, dann ins Svinadalur mit seinen drei hübschen Seen (Eyrarvatn, Thórustadavatn, Draghálsvatn) und dann hinab ins einst von Gletschern gebildete Tal **Skorradalur,** das fast ganz vom 16 km langen See **Skorradalsvatn** ausgefüllt wird, der eigentlich mehr wie ein breiter Fluß aussieht. Beide Ufer säumt niedriger Wald, im Südwesten ragen die wild zerklüfteten, schneebedeckten Gipfel der Skardsheidi-Berge auf. Sie erreichen Höhen bis über 1000 m.

Von hier aus könnten Sie einen Abstecher ins **Reykholtsdalur** machen (das wäre Strecke 9).

Vor der Hvítarbrú vereinigen sich beide Straßen wieder.

Gleich danach haben Sie die Wahl, entweder die Reise nach Akureyri fortzusetzen oder nach Borganes und auf die Halbinsel Snaefellsnes (Strecke 10) zu fahren.

12 km nach der Brücke über die milchig-graue Hvitá erreichen Sie einen gekennzeichneten Parkplatz, auf dem es anzuhalten lohnt. Die Leiter über den Schafszaun führt zu einer Aussichtsscheibe, die Ihnen die Namen aller Berge angibt, die Sie von hier aus sehen können. Und der Blick reicht weit: zu den Gletschern Eiríksjökull, Langjökull und Thórisjökull, zu den Bergen Ok und Skjaldbreidur, selbst den 100 km entfernten Snaefellsjökull können Sie bei guter Sicht erkennen.

In dieser herrlichen Umgebung liegt das Hotel **Varmaland**, zu dem 1 km weiter eine Straße abbiegt.

Bald darauf führt der Weg durch das Lavafeld **Grábrókarhraun**, auf dem auch das von den Genossenschaften betriebene Hotel **Bifröst** steht, das außerhalb des Sommers als Internat dient. Dort zeigt man Ihnen gerne, wo Sie im Lignitgestein Pflanzenfossilien finden können.

Hinter dem Hotel erhebt sich der erloschene Vulkan **Grábrók**, dessen Besteigung sich der Aussicht wegen lohnt. Die ganze Landschaft wirkt phantastisch wild, Felswände erinnern an Bilder von den großen Canyons in den USA.

Von Bifröst aus führt eine Stichstraße zum nahen **Hredavatn**, einem beliebten Urlaubsziel der Isländer. Der See liegt inmitten von Lava, an seinen Ufern wachsen Gestrüpp und kleine Bäume, gutes Campinggelände.

6 km hinter Bifröst biegt links die Route auf die Nordwesthalbinsel ab. Zwischen beiden Straßen liegt der pyramidenförmige Liparitberg **Baula** (934 m), beliebtes Ziel für Bergwanderer.

Ein Wal wird zerlegt, harte Arbeit, unbeschreibliche Gerüche. Das Gebiß wird mit Motorsägen zerkleinert, die Speckschicht mit Stahlhaken, Trossen ud Winden abgezogen. — Walfleisch ist ein beliebtes Gericht in Island.

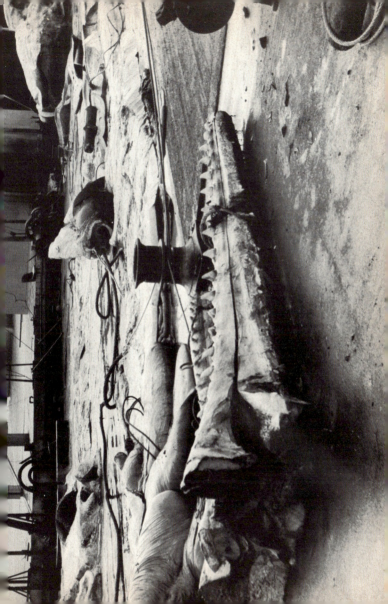

Die Fahrt nach Akureyri geht weiter das Nordurdalur hinauf und auf die **Holtavörduheidi**. Sie benutzen einen königlichen Reiseweg, wie Ihnen das kleine Denkmal von **Konungsvarda** anzeigt: es wurde zur Erinnerung an König Christian X von Dänemark errichtet, der 1936 den gleichen Weg wie Sie jetzt wählte.

Brú ist die erste kleine Siedlung in Nord-Island.

Hier beginnt die Straße nach Holmavík und auf die Nordwesthalbinsel (Strecke 11).

Auf der gegenüberliegenden Seite des **Hrútafjördur** sehen Sie den kleinen Ort Bordeyri und fahren dann bald am Edda-Hotel **Reykir** vorbei (wenn Sie es nicht vorziehen, dort zu übernachten).

13 km weiter liegt rechts der Straße **Melstadur.** Hier lebte im 17. Jahrhundert Arngrímur Jónsson (1568-1648), ein Mann, dessen Name bei uns heute wohl fast unbekannt ist, der aber für Island und die germanistische Wissenschaft große Bedeutung besitzt. Er schrieb alle seine Bücher in lateinischer Sprache und konnte so auch von Gelehrten in den anderen europäischen Ländern gelesen werden, die bis dahin nur eine höchst ungenaue und phantastische Vorstellung von Island gehabt hatten. Arngrímurs Schriften erweckten im Ausland das Interesse an Sagas und Eddas, an Island als Land mit großer Geschichte.

Laugarbakki ist ein kleines Dorf mit etwa 30 Einwohnern. Es gibt hier heiße Quellen, die auch Treibhäuser beheizen.

Nach 2 km biegt links die Straße nach Hvammstangi (336 Ew.) ab.

17 km weiter könnten Sie zum Felsen **Borgarvirki** abfahren, der auch schon von der Hauptstraße aus zu sehen ist. Er hat die Form einer verfallenen Burg und wurde in den frühen Jahrhunderten der isländischen Geschichte von den Bewohnern wohl auch als Verteidigungsstätte betrachtet, wie einige menschliche Verbesserungsversuche an dem natürlichen Felsenfort zeigen. Ob es jemals benutzt wurde, weiß man nicht.

Bald erhebt sich schwarz am Horizont nördlich der Straße die kleine Steinkirche von **Thingeyrar** ab. Thingeyrar war alte Thingstätte und der Ort des ersten isländischen Klosters, im Jahr 1133 von Benediktinern gegründet. Überreste sind nicht mehr zu sehen.

Auf der anderen Seite der Hauptstraße erstrecken sich über 4 qkm unzählige kleine, völlig kahle Hügel, die **Vatnsdalshólar**. Ihre Entstehung ist noch nicht genau geklärt, man nimmt aber an, daß vor langer Zeit Teile des im Südwesten aufsteigenden Vatnsdalsfjall abbrachen und langsam hierher wanderten. Wenn Sie einen der geröllbedeckten Hügel besteigen, werden Sie durch einen hübschen Blick über die Vatnsdalshólar und den von Gletschern geschürften See belohnt. Die höchste Erhebung der Vatnsdalshólar erreicht nur 81 m — keine Mühe also.

Die Straße führt in ihrem weiteren Verlauf um die Lagune Hóp herum, mit 45 qkm Fläche der viertgrößte See Islands.

Nach 6 km erreichen Sie die Abzweigung zum Edda-Hotel **Hunavellir.**

Die nächste Stadt ist **Blönduos** (706 Ew.). Wie viele isländische Orte hat es dem Touristen nichts außer seiner schönen Lage zu bieten: auf beiden Seiten der Blandá am Húnafjördur mit weitem Blick auf die Berge der gegenüberliegenden und bis hinauf zur Nordwesthalbinsel. — Es gibt in Blönduos zwei Hotels.

Die Straße steigt mit der Blandá bergan, biegt dann über die Berge ab und erreicht am See Vatnshlídarvatn vorbei das Tal des **Skagafjördur.**

Dort, wo man zum erstenmal in den Fjord hineinsehen kann, stürzen die Wasser der Saemundará den **Gýjarfoss** herab; im Fjord draußen sind die Inseln **Drangey** und **Málmey** zu erblicken, vor denen sich wie eine dritte Insel Kap Thórdarhöfdi erhebt.

Drangey wird nur von Vögeln bewohnt, während auf **Málmey** ein Bauernhof steht. Beide Inseln sind von Hofsós aus mit dem Boot zu erreichen.

Wenige hundert Meter weiter wurde ein Denkmal für den Dichter Stephan Gudmundarson **Stephansson** (1853—1927) errichtet, der im Gebiet des Skagafjordur geboren wurde und später, wie viele seiner Landsleute, nach Nordamerika auswanderte.

Nach 4 km biegt rechts eine kleine Straße zur ganz nahen, unbedingt besuchenswerten Torfkirche von Vídimýri ab. Sie wurde 1834 erbaut und ist eine der wenigen, noch gut erhaltenen Kirchen im alten Stil, die nicht nur noch Museum sind. Dennoch kann sie besichtigt werden.

Im Tal des Skagafördur erreichen Sie nun **Varmahlíd,** eine kleine Siedlung mit etwa 70 Einwohnern. Es gibt hier ein Hotel, heiße Quellen und ein damit beheiztes Schwimmbad.

In Varmahlíd biegt die Straße nach Hofsós und Siglufjördur* ab (hier als Strecke 14 beschrieben). Auch wenn Sie direkt nach Akureyri fahren möchten, empfiehlt es sich sehr, den kleinen Abstecher zur alten Torffarm von **Glaumbaer*** zu unternehmen (hin- und zurück ca. 18 km).

Vom Skagafjördur steigt die Straße erneut in die Berge auf, bevor sie den nächsten Fjord, den **Eyjafjördur,** und damit **Akureyri*** erreicht. Unterwegs ist noch eine sehr schön geformte Felsnadel erwähnenswert, die 1175 m hohe **Hraundangi.**

3. Akureyri — Myvatn

Die Gesamtlänge dieser Strecke beträgt 101 km. Die Fahrt kann vom Mývatn aus entweder nach Akureyri zurückfahren (auf Strecke 15 vielleicht?) oder nach Südost-, Ost- und Zentralisland fortgesetzt werden (Strecken 4, 5, 23, 25).

Die Straße führt zunächst durch den alten Teil Akureyris, am Flughafen vorbei, über die Arme des Flußes **Eyjafjardará** und dann auf der anderen Fjordseite hinauf auf die **Vadlaheidi** (520 m), wobei sich für Fotofreunde viele Möglichkeiten ergeben, das hübsche Panorama Akureyris aufs Bild zu bannen.

Bald geht es hinab ins Tal der **Fnjóská,** die sich in vielen Serpentinen meerwärts windet. An ihrem rechten Ufer liegt das zweitgrößte Waldgebiet Islands, der **Vaglaskógur** (300 ha). Ein Eingang befindet sich direkt an der alten Straße, so daß Sie eine Pause für einen Spaziergang zwischen den bis zu etwa 10 m hohen Bäumen einlegen könnten — auf Island ja durchaus eine Ausnahme.

Die größte Sehenswürdigkeit entlang dieser Strecke ist der **Godafoss,** den Sie nach 49 km erreichen. Die Wasser des Gletscherflusses Skálfandafljót stürzen hier seit nunmehr 8000 Jahren in mächtigem Strom herab und haben in dieser Zeit die Fallhöhe auf 10 m reduzieren können. In einigen

---

Seltsam geformte Bergspitzen wie hier die **Hraundangi** gehören zur isländischen Landschaft, besonders im Südosten.

weiteren Jahrtausenden wird es den Godafoss dann wohl nicht mehr geben. — Der Name des Falls bedeutet auf deutsch **Fall der Götter:** hier soll Thorgeir, ein Wikingerhäuptling, der in diesem Gebiet siedelte, seine alten Götzenbilder ins Wasser geworfen haben, nachdem auf dem Althing beschlossen worden war, den christlichen Glauben anzunehmen.

Im Tal der Reykjadalsá liegt das Edda-Hotel **Laugar,** dessen Schwimmbad und Gebäude mit dem Wasser der örtlichen heißen Quellen beheizt werden.

Vorbei am kleinen See Másvatn gelangen Sie dann zum **Mývatn*.** Beim Gehöft Arnarvatn müßten Sie sich entscheiden, ob Sie nun am Ost- oder Westufer des Sees weiterfahren wollen.

Die westliche Uferstraße stellt zwar die kürzere Verbindung zu den Hotels am Nordende des Sees dar (17 km), ist aber holpriger als die östliche (21 km).

4. Myvatn — Lögurinn

Die Gesamtlänge dieser Strecke beträgt 176 km, die Fahrzeit also je nach Temperament 4—6 Stunden. Sie werden zwischen Mývatn und Egilsstadir weder ein Hotel noch andere Rastmöglichkeiten finden; zum Tanken besteht aber Gelegenheit.

Nachdem Sie den Mývatn und das Quellenfeld von Námaskard hinter sich gelassen haben, führt die Straße am Rand des Lavafelds **Búrfellshraun** entlang. Im Herbst, das heißt auf Island ab Ende August, ist die Fahrt hier besonders lohnend, Herbstfarben leuchten. Im Süden erhebt sich der Urheber der Lavamassen, der 953 m hohe Horstvulkan **Búrfell,** ihm gegenüber steht im Norden der **Jörundur** (811 m).

Bei km 22 (ab Hotel Reynihlíd gerechnet) biegt links der schlechtere, am Westufer der Jökulsá á Fjöllum entlangführende Weg zum Dettifoss ab (Strecke 15). Ohne Land-Rover empfiehlt es sich jedoch, den Weg am Ostufer zu wählen, falls Sie den Abstecher unternehmen wollen.

Der Gode Thórgeir kam vom Althing heim, nachdem dort die Einführung des Christentums beschlossen worden war. Konsequenter als viele seiner Landsleute brach er mit dem alten heidnischen Glauben und warf die Götterbilder aus seinem Tempel in diesen Wasserfall — der fortan **Godafoss** hieß.

Bald ist rechterhand das ferne, große und teilweise schneebedeckte Massiv des Herdubreidafjöll zu sehen, hinter dem schon der König der isländischen Berge, der 1682 m hohe **Herdubreid** hervorschaut.

Dorthin und noch weiter zum Askja-Krater biegt bei Km 35 ein Weg ab (beschrieben als Strecke 25).

Bei Km 41 erreichen Sie **Grímsstadir,** eins der wenigen Gehöfte entlang der Route. Hier zweigt der bessere Weg zum Dettifoss ab (Strecke 15).

Die Landschaft zeigt jetzt ein verändertes Bild. Nach der breiten, kahlen Lavaebene folgen viele kleine Berge, ohne jeden Bewuchs, trostlos. Hier lebt kein Mensch. Dann wächst wieder etwas Gras und gleich hat sich ein Bauer niedergelassen. Sein Gehöft, **Mödrudalur,** ist das höchstgelegene auf der ganzen Insel — und das einsamste.

3 km weiter biegt rechts ein Weg zu den **Kverkfjöll** ab. Er ist aber selbst für geländegängige Fahrzeuge nur schwer zu befahren und wird so wenig benutzt, daß sich für Landesunkundige nur Fahrten im Konvoi empfehlen lassen.

36 km weiter erreichen Sie das Tal der **Jökulsá** á Dal (auch Jökulsá á Brú genannt), einen Gletscherfluß, der pro Stunde 120 Tonnen Sand und Geröll ins Meer schafft.

Viele kleinere, aber hübsche Wasserfälle säumen den Weg. Die Straße folgt lange Zeit dem Flußlauf, bis sie bei Fossvellir nach **Egilsstadir** und zum **Lögurinn*** abbiegt. Noch 26 km und das Ziel ist erreicht.

5. Lögurinn — Höfn — Skaftafell

Die Gesamtlänge dieser Strecke beträgt 376 km.

Der Weg folgt zunächst dem Lauf der **Grimsá,** an deren Ufer ein Wasserkraftwerk zu sehen ist, das Teile Ostislands mit Strom versorgt. Nach dem See Skriduvatn beginnt die Straße steil zur **Breiddalsheidi** aufzusteigen, wo die Paßhöhe 420 m erreicht.

46 km nach Egilsstadir zweigt rechts ein beschilderter Fahrweg **(Öxivegur)** ab, der die Entfernung nach Höfn um 80 km verkürzt, aber selbst für geländegängige Wagen nur schwierig zu befahren ist. Mit normalen Autos lohnt sich kein Versuch.

Die Straße windet sich jetzt in vielen Serpentinen hinab ins **Breiddadal**. Der Blick reicht hinaus bis zum Meer, auf beiden Seiten des Tales erheben sich mächtige Berge, fast alle um die 1000 m hoch. Ihre bizarren Formen und eigenartigen Felsnadeln verleihen dem Tal eine wilde Schönheit. Wie in Nordwestisland erscheinen auch hier die Wände der Berge gestreift: härtere und weichere Basaltschichten wechseln einander ab. Ihre Richtung ist gleichbleibend zum Meer hin aufsteigend.

Im Breiddadal werden beim Gehöft **Āsgardur** am Wegrand Steine, Schafshörner und ab und an Rentiergeweihe verkauft. Die Preise sind durchaus angemessen, aber die verschiedenen Steine können Sie ohne Schwierigkeiten auch selber suchen — wenn Sie genügend Zeit dafür aufbringen durchaus erfolgversprechend.

Beim Gehöft **Heydalir** treffen Sie auf die Küstenstraße, die ebenfalls von Egilsstadir her kommt. Ganz in der Nähe liegt das Sommerhotel **Stadarborg.**

Sie könnten also von hier aus entweder auf der Küstenstraße nach Egilsstadir zurückfahren oder sie von Egilsstadir hierher nehmen. Sie würden so die Fjorde der Ostküste mit ihren Fischerdörfern kennenlernen. Die Strecke ist 138 km lang.

Budareyri, das auch Reydarfjördur genannt wird, zählt knapp 600 Einwohner. Von hier aus würde sich für Steinesammler ein Abstecher nach **Helgustadir** lohnen, wo früher in großem Ausmaß Doppelspat abgebaut wurde und wo heute noch schöne Stücke zu finden sind.

Auch **Búdir** (723 Ew.) wird oft mit dem Namen des Fjordes bezeichnet, an dem es liegt: Fáskrúdsfjördur. Der Ort war im 19. Jahrhundert Schutzhafen der französischen Fischer, die vor Island ihre Netze auswarfen. So ist heute noch ein kleiner Friedhof zu sehen, auf dem verunglückte französische Seeleute begraben liegen.

Kirkjuból liegt am kleinsten Fjord der Ostküste, dem Stödvarfjördur. Der Name des Fjords ist auch hier zweiter Name des kleinen Dorfes (268 Ew.).

Breiddalsvík (166 Ew.) ist dann schließlich der letzte Ort an dieser Strecke, dessen Bevölkerung wie die der anderen ebenfalls vom Fischfang lebt.

Die Fahrt geht jetzt an der See entlang. Vor der Küste liegen zahlreiche kleine Felsinseln und überall schwirren unzählige Vögel umher. Dann zwingt der **Berufjördur** die Straße zu einem Umweg, der sich aber lohnt: die ihn umgebenden Berge weisen wieder die seltsamsten Formen auf. Besonders schön sind die pyramidenförmigen Spitzen. Der

Steinsammler findet hier sein Eldorado: gleich neben der Fahrbahn kann er prächtige **Zeolithe** aufheben. Auch der Laie kann sie an ihren nadeligen Kristallen leicht erkennen.

Am Berufjördur trifft auch der **Öxivegur** wieder auf die Hauptstraße.

Nächste Ortschaft ist **Djúpivogur** (314 Ew.). Es hat, wie die meisten isländischen Dörfer und Städtchen, keine besonderen Sehenswürdigkeiten im herkömmlichen Sinn zu bieten; nur erlebenswertes. Hier ist es vielleicht ein kleiner Spaziergang zwischen den Häusern hindurch, die oft zwischen niedrigen Felsen versteckt liegen, so daß der ganze Ort noch kleiner wirkt, als er ohnehin ist. Anschließend könnte man im neu renovierten Hotel gastieren.

Der nächste Fjord, der umfahren werden muß, ist der **Hamarsfjördur.**

Hier sind drei von den römischen Kupfermünzen gefunden worden, die überhaupt auf Island aufgetaucht sind. Wie sie so hoch in den Norden gelangten, ist nicht ganz geklärt. Nur wenige glauben allerdings, daß einmal ein römisches Schiff hier gestrandet sei; meist wird angenommen, daß Wikinger oder Kelten die Münzen aus ihrer Heimat mitgebracht haben.

Es sind drei verschiedene Münzen, alle mit dem Bildnis eines römischen Kaisers: Aurelius (270—275), Probus (276—282) und Diokletian (284—305). Die oben erwähnte vierte Münze wurde übrigens in Skálholt gefunden.

Den **Álftafjördur** umsäumen wieder kegelartige und pyramidenförmige Berge von einzigartiger Schönheit. An ihren Hängen kann der Steinesammler Zeolithe und die Halbedelsteine Jaspis und Opal finden.

Über zwei Gebirgspässe geht es weiter nach Höfn. Der erste führt über die **Lónsheidi,** auf der oben eine Schutzhütte des Ferdafélag steht, die auch als Ausgangspunkt für Bergwanderungen in die Umgebung bestens geeignet ist.

Vom Paß **Almannaskard** aus haben Sie einen guten Ausblick über Höfn und die weit herabreichenden Zungen des großen Gletschers Vatnajökull*.

Wenn Sie jetzt nach Höfn weiterfahren, sehen Sie linkerhand am Fuß des Kaps **Vesturhorn** (757 m) die amerikanische Radarstation von **Stokksnes** liegen. Hier werden große Teile des nordatlantischen Luftraums überwacht.

Höfn í Hornafjördur (ca. 1000 Ew.) ist der letzte Ort vor Skaftafell.

Das Dorf ist erst etwa 70 Jahre alt. Zwei Hotels stehen zur Verfügung: ein sehr gutes und teures direkt im Ort und ein einfacheres Sommerhotel 8 km weiter in Richtung Skaftafell, hinter der Brücke über die Laxá.

Jetzt beginnt eine der landschaftlich schönsten Strecken, die Island überhaupt zu bieten hat, vorbei in kurzer Entfernung an zahlreichen Gletscherzungen. Höhepunkt auf dieser Fahrt ist der Gletschersee unterhalb der Gletscherzunge **Breidarmerkurjökull,** 83 km hinter Höfn.

Fahren Sie vor der Brücke über die Jökulsá (erbaut erst 1967) nach rechts ab, direkt an den See heran, auf dem kleinere und größere Eisberge treiben. Für eine Wanderung an den Gletscher heran brauchen Sie hin- und zurück mindestens 90 Minuten. Auf dem Breidamerkursandur, der hier beginnt, nisten neben unzähligen Küstenseeschwalben zahlreiche dunkelbraune Raubmöwen (Großer Skua, isl. skúmur), die immer dann Angriffe auf Sie fliegen werden, wenn Sie ihren Nestern zu nahe kommen.

Der See (er heißt Jökulsárlón) ist 130 m tief. 1891/92 reichte der Gletscher fast bis ans Meer heran, inzwischen hat er sich um 1,5 km zurückgezogen, dadurch ist der See entstanden.

Auf der Weiterfahrt sehen Sie bald links voraus ein Kap, **Ingólfshöfdi,** das sich am Meer aus dem flachen Sander erhebt. Hier hat Ingólfur Arnarson seinen ersten Winter auf Island verbracht.

Fagurhólsmyri besitzt einen Flugplatz, der dieses Gebiet zwischen Jökulsá und Skeidarársandur, **Öraefi** genannt, seit 1955 mit der Außenwelt verbindet. Die erste Straßenverbindung nach Öraefi wurde ja erst 1967 geschaffen. Einkaufsmöglichkeit in Fagurhólsmyri.

Vorbei an den Weilern Hof (Kirche von 1883) und Svînafell fahren Sie direkt unterhalb Islands höchstem Berg Hvannadalshnúkur nach **Skaftafell*,** wo Sie Ihren Wagen am Zeltplatz (Restaurant, Lebensmittelladen) parken können. Von hier aus sind Wanderwege zu den Naturschönheiten, die auf S. 149 beschrieben sind, ausgeschildert. Drei Stunden Zeit sollten Sie zumindest mitgebracht haben.

Im Süden des Landes

6. Skálholt — Thjórsárdalur — Búrfell

Die hier beschriebene Route zweigt kurz vor Selfoss von der Hauptstraße Reykjavík — Südisland (Strecke 1) ab und führt ins Thjórsárdalur. Von hier aus kann die Fahrt fortgesetzt werden: über den Sprengisandur nach Nordisland (das wäre Strecke 23), in die Landmannalaugar (Strecke 21) oder auf verschiedenen Wegen zurück zur oben genannten Hauptstrecke.

Sobald Sie an der Ostseite des **Ingólfsfjall** (551 m) entlangfahren, sehen Sie weit voraus schon Berge des zentralen Hochlands. Besonders auffällig sind die schneebedeckten Spitzen des Bláfell (1204 m) und der Kerlingarfjöll (1447 m), die noch fast 100 km entfernt sind.

Nach Überquerung der Sog sind Sie in einem Gebiet, das **Grimsnes** genannt wird. Das kleine Wäldchen aus niedrigem Buschwerk heißt Thrastaskógur, hier gibt es ein einfaches Restaurant. Dann kommt der Krater **Kerid**, dessen Boden stets mit Wasser gefüllt ist, je nach Niederschlag 9—14 m hoch. Der gesamte kreisrunde Explosionskrater ist 55 m tief, durch eine Eruption nach der letzten Eiszeit entstanden.

Kurz hinter dem Berg Mosfell (254 m) können Sie rechts abbiegen und gelangen dann zum alten Bischofssitz **Skálholt***. Danach überquert die Straße die Hvitá und führt dann am Ufer der **Thjórsá**, Islands längstem Strom (230 km), entlang. Im Fluß liegen zahlreiche flache Inseln, von denen eine mit typischem Buschwerk bestanden ist, wie es sich zur Zeit der Besiedlung über den ganzen Küstenstreifen ausdehnte.

Den Eingang zum **Thjórsárdalur** können Sie daran erkennen, daß nun die grünen Wiesen aufhören und nur noch Asche und Lava den Boden bedecken. Beide stammen von den verschiedenen Ausbrüchen des Vulkans **Hekla *** her, der über der ganzen Landschaft thront. Immer wieder hatten Menschen versucht, hier zu siedeln, aber die Ausbrüche der Hekla haben all ihre Bemühungen zunichte gemacht, und so findet sich heute im ganzen Tal kein einziges bewohntes Gehöft mehr.

Eine erste Sehenswürdigkeit, die Sie anfahren könnten, wäre der kleine, aber hübsche und einzigartige Wasserfall **Hjálparfoss**, der vom Flüßchen Sandá gebildet wird. Er ist nur 8—10 m hoch, aber deswegen sehr interessant, weil die Wasser durch einen im Weg stehenden Felsen geteilt werden und fast im rechten Winkel aufeinanderzustürzen.

Wenn Sie vom Hjálparfoss aus zurück auf den Hauptweg im Tal gefahren sind, erreichen Sie als nächstes einen Ab-

---

Im Thjórsárdalur finden Sie eine ganze Reihe von Wasserfällen — wie hier den **Hjálparfoss**.

zweig, an dem ein Wegweiser zum **Thjórsárdalslaug** steht. Er führt Sie nach wenigen Metern zu einem Freischwimmbad, das durch die nahegelegenen heißen Quellen beheizt wird und dessen Benutzung kostenlos ist.

Vom Thjórsárdalslaug aus könnten Sie zum 122 m hohen Wasserfall **Háifoss** laufen (ca. 70 Minuten Fußmarsch, keine Straße), den man aber auch von mehreren Stellen des Tals aus gut sehen kann.

Am Ende des Tals liegen die Ruinen eines Gehöfts aus der Sagazeit, **Stöng** *. Von Stöng aus führt ein Seitenweg hinauf zum **Gjáinfoss,** einem wahren optischen und akustischen Konzert von kleineren Wasserfällen, über die die Raudá talabwärts stürzt. Die schneebedeckte Höhe des Hekla schaut hinter einem vorliegenden Bergrücken hervor, unten am Fall sind schöne Säulenbasaltformationen zu sehen. Alles in allem einer der lieblichsten Plätze im Land.

Ein holpriger Weg führt von hier weiter nach Norden auf die Straße, die zur Landmannalaugar und über den Sprengisandur nach Nordisland führt.

Über die Hänge des Skeljafell verläuft eine Straße zum **Stausee** des Kraftwerks **Búrfell,** das ebenfalls mit dem Auto erreicht werden kann. Hier wird der Strom erzeugt, mit dem die Aluminiumhütte in Straumsvík und das Leitungsnetz von Reykjavík versorgt werden. Das Kraftwerk steht Interessenten zur Besichtigung offen.

Búrfell ist das erste isländische Kraftwerk an einem Gletscherfluß (der Thjórsá bzw. ihrem Nebenfluß, der Fossá). Es wurde am 2. Mai 1970 feierlich in Betrieb gesetzt. Schon drei Tage später zeigten die Naturgewalten, daß sie trotz allen technischen Fortschritts in diesem Land noch immer ein Wort mitzusprechen haben: die Hekla brach aus und versprühte ihre Asche auch über dem neuen Kraftwerk. Aber es war wohl nur ein Warnschuß, größerer Sachschaden wurde nicht angerichtet.

Die Leistung der 6 Turbinen beträgt 2 100 000 Kilowattstunden pro Jahr. Zum Vergleich: das größte europäische Kraftwerk Kaprun in Österreich, erzeugt jährlich 830 000 000 Kwh.

Gjáinfoss - optisches und akustisches Konzert von Wasserfällen, 10 Fußminuten von Stöng entfernt.

7. Reykjavík — Thingvellir — Geysir — Gullfoss

Die hier beschriebene Fahrt gehört seit jeher zur klassischen Islandreise. Sie führt zu drei der größten Sehenswürdigkeiten des Landes und ist zu jeder Jahreszeit durchführbar, da sie vorwiegend durch Flachland geht. Weil die Straßen schon früh gebaut worden sind, war diese Tour bis vor zwei Jahrzehnten eine der wenigen, die der normale Tourist überhaupt unternehmen konnte. Heute gehört sie zum Standardprogramm für Kreuzfahrer und Stop-over Reisende.

Die Gesamtlänge der Strecke beträgt 120 km; Übernachtungsmöglichkeiten bestehen in Thingvellir, am Laugarvatn und im Haukadalur. Die Fahrt kann über den Kjalvegur (als Strecke 20 beschrieben) durch das unbewohnte Hochland in den Norden der Insel fortgesetzt werden.

17 km hinter Reykjavík biegt die Straße nach Thingvellir vom **Nordurlandsvegur** ab, der Reykjavík mit Akureyri verbindet. Vorbei an der Südflanke des Berges Esja, dem Hausberg der Reykvíkingur, und am Gehöft **Laxnes**, dem Geburtshaus des Nobelpreisträgers Halldór Laxness, führt der Weg. Die **Almannagjá** könnte Ihr erster Haltepunkt sein, kurz bevor Sie **Thingvellir*** erreichen.

Durch das Lavafeld Thingvallahraun führt die Straße am Nordufer des **Thingvallavatn*** entlang. Dann zweigt ein Weg zur **Lyngdalsheidi** ab, der an zwei Höhlen vorbeiführt. Die erste, **Gjábakkahellir,** ist etwa 300 m lang, 8 m hoch und 4 m breit. Die zweite, **Laugarvatnshellir,** ist sehr viel kleiner, aber leichter zu „erforschen".

Der **Laugarvatn** ist ein Zentrum des isländischen Tourismus. Es gibt hier einen Campingplatz und mehrere große Sommerhotels, Pferde und Boote können gemietet werden, ein Hallenbad steht bereit, aber auch im See kann gebadet werden. Das verdankt der Laugarvatn den heißen Quellen, die in großer Zahl an seinen Ufern liegen.

Wenn Sei nun in nordöstlicher Richtung weiterfahren, gelangen Sie zum Haukadalur mit seinem weltberühmten **Geysir***. Nächste Station ist dann der **Gullfoss,** der „Goldene Wasserfall". Der Fluß Hvitá stürzt hier über 2 Stufen 32 m tief in eine enge Schlucht hinab. Ihr Wasser ist schmutzig, undurchsichtig, voller Geröll von den Gletschern. Wenn die

---

> Von der **Almannagjá** aus blicken Sie über die ganze Ebene des Thingvallavatn, die Lavafelder von Thingvellir und auf das kleine Hotel Valhöll.

Sonne scheint, bilden sich über dem Gullfoss die herrlichsten
Regenbogen und wenn Sie trotz der Gischt, die einen Regenmantel
unbedingt notwendig macht, ein wenig umherwandern,
erleben Sie den Gullfoss aus immer wieder anderen
Blickrichtungen in seiner vollen Schönheit.

Reykjavík — Halbinsel Reykjanes — Reykjavík

Diese insgesamt 150 km lange Strecke führt Sie zunächst
an Reykjavíks Vorstadt **Kópavogur** (11 218 Ew.) vorbei nach
Hafnarfjördur (10 097 Ew.), einem Zentrum der isländischen
Fischverarbeitungsindustrie. Sehenswert ist in der Stadt der
Park Hellisgerdi, wo zwischen Lavabrocken Bäume und Blumen
blühen. Etwas außerhalb liegt der einzige Zoo Islands,
in dem vor allem einheimische Tiere gehalten werden.

Westlich von Hafnarfjördur biegt, ganz in der Nähe des
Zoos, der Weg nach Krísuvík von der Schnellstraße Reykjavík
— Keflavík ab. Er führt zunächst durch das Lavafeld
Kapelluhraun und steigt dann hinauf zum **Kleifarvatn,** einem
See, 10 qkm groß, bis zu 97 m tief, auf allen Seiten von Bergen
umrahmt, der rätselhafterweise ständig seinen Wasserstand
ändert.

Nachdem Sie am See entlanggefahren sind, liegt rechts
das erste Quellenfeld. Eine der Quellen wird genutzt und
stößt mit ungeheurem Getöse große Dampfwolken aus, die
anderen sind unberührt und zeigen die verschiedensten Formen
und Farben.

Wenige hundert Meter weiter liegt **Krísuvík** mit seinen
Treibhäusern. Von hier aus könnten Sie zu der abseits der
Straße liegenden **Engahver** wandern, deren Rauchsäule Ihnen
den Weg weist.

2 km hinter Krísuvík gabelt sich die Straße. Wenn Sie der
Rundfahrt-Strecke folgen wollen, müßten Sie hier rechts abbiegend
den Wegweiser nach 'Grindavík' beachten.

Eine andere Möglichkeit wäre es, links weiter zu fahren und so
nach Hveragerdi * zu gelangen, von wo Sie entweder zurück nach
Reykjavík könnten oder weiter in den Norden bzw. an die Südküste.

> Kaum zu glauben: Das Parlamentsgebäude in Reykjavík
> ist kaum größer als ein durchschnittliches Privathaus
> — es geht also auch ohne Prunk- und Repräsentativbauten!

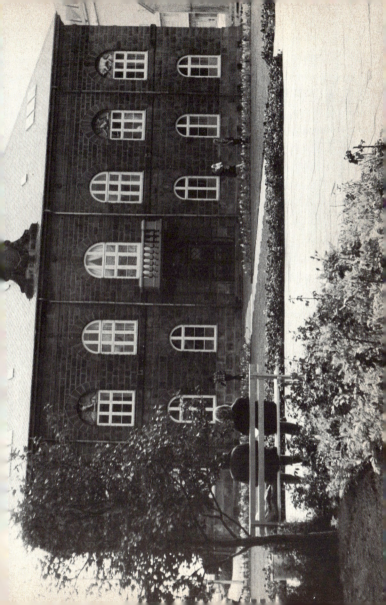

Vor Hveragerdi noch zwei Sehenswürdigkeiten: **Strandarkirkja** und **Raufarhólshellir**. Diese Höhlen sind wegen ihrer kreisrunden Deckenlöcher besonders interessant und können wegen des einfallenden Tageslichts auch ohne Lampen besucht werden.

Die Straße nach Grindavík führt durch das Lavafeld **Ögmundarhraun**, das schon aus den Zeiten vor der Besiedlung stammt, wie ihr fortgeschrittener Bewuchs zeigt.

Grindavík ist ein kleiner und — die Grindavíkingur mögen es verzeihen — nicht sehr schöner Fischerort, von Lava umgeben, durch die sich auch die Straße weiterhin zieht. Bald ist in der Ferne im Meer ein Felswürfel zu sehen: **Eldey**.

Eldey, etwa 21 km vor der Küste, beherbergt die größte Basstölpelkolonie der Welt. Alljährlich nisten hier während der Brutzeit fast 40 000 dieser bis zu fünf Pfund schweren Seevögel, die alle in den Gewässern um die Insel herum ihre Nahrung finden. Eldey selbst ist völlig ohne Bewuchs. Seit 1939 steht der Felsen unter Naturschutz, weil hier zuvor mutige Vogelfänger Jagd auf die Basstölpel gemacht hatten. Ihre Arbeit war nicht leicht: Eldey ragt senkrecht aus dem Meer auf, 100 m hoch. Seit 1939 wurde die Insel nur noch zweimal bestiegen, einmal 1940 und dann wieder 1971.

15 km hinter Grindavík biegt links eine kleine Seitenstraße ab (Wegweiser: 'Reykjanesviti'), die Sie zu einem 1 qkm großen Quellenfeld führt. Das Getöse des entweichenden Dampfes dröhnt schon aus der Ferne. In der Nähe befinden sich die Ruinen des ältesten Leuchtturms Island aus dem Jahre 1878. Im Meer draußen liegt die Vogelinsel Eldey (Betreten verboten!).

Zurück auf der Hauptstraße kommen Sie am kleinen Fischerdorf **Hafnir** (etwa 140 Ew.) vorbei zum NATO-Gelände und Flughafen von **Keflavík**. Hier leben etwa 2900 amerikanische Soldaten, eine kleine Stadt für sich. Der Kontakt zu den Isländern ist nicht allzu gut, da diese die amerikanische Anwesenheit immer noch als eine Art Besatzung auffassen.

Die Stadt **Kevflavík** hat ca. 6100 Einwohner und zählt damit zu den größten des Landes. Man lebt vom Handel, der Fischerei und vom NATO-Stützpunkt.

Von Keflavík nach Reykjavík führt eine gebührenpflichtige Straße. Kurz vor Hafnarfjördur steht am Meer die größte Industrieanlage Islands, die Aluminiumhütte von **Straumsvík**.

Für die Zukunft des Landes ist es dringend notwendig, daß die Wirtschaft nicht mehr allein auf dem Fisch aufbaut: mit Straumsvík wurde ein Anfang gemacht. Jährlich werden hier 77 000 t Rohaluminium erzeugt und von eigenem Hafen aus verschifft. Über diesen Hafen muß aus fernen Erdteilen auch der Rohstoff zur Aluminiumgewinnung, Tonerde, nach Island gebracht werden. Dennoch lohnt sich für das schweizer Unternehmen die Investition: Strom, der beim Produktionsprozeß in großen Mengen verbraucht wird, ist auf Island billig. Für die Aluminiumhütte wurde extra ein neues Kraftwerk am Ufer der Thjórsá gebaut: Búrfell, 100 km von hier entfernt (Strecke 6).

Wenn Sie Zeit und Lust haben, könnten Sie hinter Hafnarfjördur noch links abbiegen und die Rundfahrt mit einem Besuch von **Bessastadir,** dem offiziellen Wohnsitz der isländischen Staatspräsidenten, beschließen.

Bessastadir liegt auf der kleinen Halbinsel Álftanes, Reykjavík gegenüber. In den Jahren der dänischen Herrschaft war es Sitz des Gouverneurs. Aus dieser Zeit stammt auch das Wohnhaus; es wurde 1763 erbaut. In der modernen Kirche sind die Glasfenster sehenswert. Sie können in Bessastadir frei umhergehen, keine Polizeiwache und kein Zaun schließen den Amtssitz des Staatsoberhaupts von seinem Souverän, dem Volk, ab.

9. Im Borgarfjördur-Bezirk

(Ferjukot — Reykholt — Húsafell)

Die Gesamtlänge dieser Strecke beträgt 54 km. Sie könnte entweder als Abstecher von der Straße Reykjavík — Nordland oder als Anschluß an die Kaldidalur-Route (Strecke 18) befahren werden.

Erster interessanter Haltepunkt wäre der **Laxfoss,** wo die Grimsá in vielen kleinen Stufen talwärts fließt. Hier springen zur Zeit ihrer Wanderungen die Lachse die Absätze hinauf, imposanter Anblick, hübsch, aber schwierig aufs Foto zu bannen.

Die Farm von **Baer** ist nur als historischer Platz erwähnenswert: hier lebte von 1030 — 1049 Hródólfur, ein angelsächsischer Missionar, der an diesem Ort die erste Schule Islands aufbaute (die sich aber nicht lange hielt).

Von Baer aus sind es nur wenige Kilometer bis zum Gehöft **Hvítárbakki,** auf dem man ein paar Tage 'Urlaub auf dem Bauernhof' verbringen könnte.

Vorbei an den Gewächshäusern von **Dalbaer** gelangen Sie zur größten heißen Quelle Islands, der **Deildartungahver**. Sie stößt pro Sekunde 250 l kochendes Wasser aus, das jetzt freilich zur Beheizung von Gewächshäusern benutzt wird. Sie können die ganze Anlage besichtigen und auch frisches Obst einkaufen.

In **Reykholt** lebte von 1206—1241 Snorri Sturluson. Reste seines Bades sind noch zu sehen. Vor der 1931 gegründeten Bezirksschule steht sein Denkmal, ein Werk des norwegischen Bildhauers Gustav Vigeland (1869—1943), das der norwegische Kronprinz 1947 dem isländischen Volk schenkte.

Snorri Sturluson (geb. 1179) war einer der größten Dichter seiner Zeit. Er schrieb unter anderem die 'Jüngere Edda', die 'Olafs saga helga' und die 'Heimskringla'. Als Politiker war er weniger erfolgreich: er wurde 1241 im Auftrag des norwegischen Königs ermordet.

Ein Naturschauspiel von einzigartiger Schönheit bieten die Hraunfossar an den Ufern der Hvítá. Auf einer Front von vielen hundert Metern stürzen hier lauter kleine Wasserfälle in den Fluß hinein. Sie sprudeln direkt unter der Lava hervor, kein Wasserlauf ist dort vorher zu sehen. Ein prächtiges Spiel von Farben und Formen, von Lieblichkeit und Einöde — eines der Bilder, das ein Islandreisender am wenigsten missen sollte.

In **Húsafell** treffen sich alljährlich Anfang August (langes Wochenende durch Bankfeiertag) Sportler und Besucher aus dem ganzen Land zu einem großen Fest. Überall wird gezeltet, gefeiert, Verkaufsbuden sind aufgestellt, der Sommer wird genossen.

Auch sonst wird der Campingplatz in Húsafell von Juni bis September gern besucht; kleine Ferienhäuschen können gemietet werden.

Von Húsafell aus könnten Sie entweder durch das **Kaldidalur** nach Thingvellir fahren oder noch einen Abstecher zu einigen großen Lavahöhlen in der Hallmundarhraun unternehmen, den **Surtshellir** und **Stefanshellir**. Zu den Surtshellir gehört die größte Höhle Islands, 1600 m lang.

Das Wasser, das hier über die **Hraufossar** in die Hvítá stürzt, hat das ganze Jahr über eine konstante Temperatur von 3—4°.

10. Rund um die Halbinsel Snaefellsnes

Die hier beschriebene Rundfahrt beginnt im Süden, zweigt also von der Hauptstraße Reykjavík—Akureyri ab. Sie schließt dann im Norden an die Verbindung Dalsmynni - Nordwesthalbinsel an (Strekke 12, 13).

Erste Ortschaft am Weg ist **Borganes,** ein kleines Fischer- und Handelsstädtchen mit 1214 Einwohnern. Borganes liegt auf einer schmalen Landzunge im Borgarfjördur, auf der gegenüberliegenden Seite erhebt sich 844 m hoch der Hafnarfjall. Es gibt ein Hotel, einen Campingplatz und ein Schwimmbad; empfehlenswert ist ein kurzer Besuch im Park Skallagrímsgardur, in dem sich ein kleiner Grabhügel befindet, unter dem Skalla-Grímur, der erste Siedler in diesem Gebiet, begraben liegen soll.

Kurz hinter Borganes steht rechts der Straße die Farm **Borg,** dem Saga-Freund bekannt als Wohnsitz Egil Skallagrímssons, Sohn des Skalla-Grímur, auf der um 1200 herum auch der große Saga-Autor Snorri Sturluson für einige Zeit lebte.

Die Fahrt geht durch die Ebene des **Mýrarsýsla,** durch das Lavafeld Barnaborgarhraun und durch die **Eldborgarhraun,** Lava, die aus dem nahen Krater **Eldborg** stammt, zu dem man in kurzem Fußmarsch hinlaufen kann.

Wenige Kilometer später biegt rechts ein kleiner Weg zur Farm **Raudamelur** ab, in deren Nähe (3 km) die **Raudamelsökelda** liegt. Ökeldur' ist der isländische Name für eine besondere Art von Quellen, aus denen kohlendioxid-haltiges Wasser entspringt, das getrunken werden kann und dem gesundheitsfördernde Wirkung zugesprochen wird.

Auf der Fahrt nach Raudamelur kommen Sie am **Gerduberg** mit seinen sehr schönen Basaltsäulen vorbei.

74 km nach Borgarnes ist das Rasthaus **Vegamot** erreicht. Von hier führt eine Straße über den Kerlingarskard hinüber nach Stykkishólmur.

16 km weiter läuft der Weg am Gehöft **Stadastadur** vorbei, wo Ari der Weise das Islendingabók verfaßt haben soll und erreicht dann nach 22 km die Abfahrt nach **Búdir.**

Búdir war in früheren Jahren ein kleiner Fischerhafen, heute stehen hier nur noch eine Farm, eine Kirche und ein Hotel. Neben dem sehr hübschen Blick auf den weit entfernten Wasserfall **Bjarnafoss** hat Búdir vor allem eins zu bieten: eine Wanderung durch das in prähistorischer Zeit entstandene Lavafeld Búdahraun, an dessen Rand die Gebäude stehen.

Vom Hotel aus könnten Sie in etwa einer dreiviertel Stunde über einen durch Steinhaufen markierten Pfad durch das Lavafeld den Krater Búdaklettur (88 m), den Schöpfer seiner Umgebung, erreichen und erklettern.

Östlich des Búdaklettur liegt die Lavahöhle **Búdahellir,** die mit 70 m Länge zu den mittleren Höhlen Islands zählt. Sie verläuft im Bogen bergan, so daß nur der vordere Teil leicht zugänglich ist. Für eine genauere Erkundung ihrer niedrigen Gänge ist gute Ausrüstung erforderlich, auf jeden Fall eine starke Lampe (eine einfache Taschenlampe dürfte nicht ausreichen!).

Auf dem Weg zurück ins Hotel (neben dem man übrigens auch zelten darf) empfiehlt es sich, des öfteren in die Spalten zu blicken, die sich durch die Lava ziehen: hier blühen und gedeihen mannigfache Blumen und Farne, geschützt vor dem Wind.

An der Küste bei **Arnarstapi** fallen bizarr geformte Felsen auf, in die das Meer teilweise Höhlen eingewaschen hat. Auch Säulenbasalt ist zu sehen.

Vorbei am **Stapafell** (526 m), in dessen Hängen sich ebenfalls zahlreiche Höhlen mit hübscher Echowirkung finden, geht es nach **Hellnar.** Hier lockt die 'Badstofa' genannte Grotte nicht nur Besucher, sondern auch Unmassen von Meeresvögeln an. Sie nisten und kreischen in großen Scharen zwischen den Felswänden, auf und unter der natürlichen Brücke.

Sehenswürdigkeiten folgen jetzt dicht auf dicht. Als nächstes wären die beiden sich einsam aus ihrer Umgebung 70 m hoch erhebenden Felsen **Lóndrangar** zu nennen, die von der Straße aus in zehnminütigem Fußmarsch zu erreichen sind.

Zum schönsten, das man auf Island sehen kann, gehört der Südhang des **Snaefellsjökull ***. Etliche Lavaströme sind den Berg hinabgeflossen und erstarrt, geben dem Vulkan das Aussehen von Riesenwurzeln eines Märchenbaums.

Dicht am Weg um den Vulkan herum auf die Nordseite der Halbinsel liegen verschiedene interessante Punkte: der Leuchtturm von **Malarrif** markiert die Südspitze von Snaefellsnes; im verlassenen Fischerdorf **Dritvík** sind noch einige wenige Reste der alten Siedlung zu erkennen; in den Krater **Hólahólar** (14 km nach Malarrif) können Sie mit dem Auto hineinfahren, der Boden ist innen völlig flach.

Durch das Lavafeld **Neshraun,** in prähistorischer Zeit durch die vulkanische Tätigkeit des **Snaefellsjökull** entstanden, geht es am 400 m hohen Antennenmast von **Gufuskálar,** dem höchsten 'Bauwerk' der Insel, vorbei zur kleinen Ortschaft **Helli-**

sandur (503 Ew.), deren Bevölkerung hauptsächlich vom Fischfang lebt.

3 km östlich von Hellisandur liegt das kleine Fischerdorf **Rif**, das in der Mitte des 15. Jahrhunderts, als es noch mehr Bedeutung besaß als heute, von britischen Freibeutern überfallen wurde.

Nach dem nächsten Ort, **Olafsvík** (1003 Ew.) folgen einige Stellen, die für Steinsammler lohnend sein dürften: Kap **Búlandshöfdi** direkt an der Straße und die Berge **Kistufell** (725 m) und **Stöd** (268 m). Mit etwas Glück können Sie hier schöne Fossilien finden.

Grundarfjördur (717 Ew.), Fischereihafen an der gleichnamigen Bucht, liegt zu Füßen des schneebedeckten Hellgrindur-Massivs. Auf alten Karten findet sich manchmal noch die frühere Ortsbezeichnung 'Grafarnes'.

Die Fahrt geht nun weiter durch das direkt ans Meer reichende Lavafeld **Berserkjahraun,** das vom Ausbruch einer kleinen Spalte nördlich des Kerlingarskard stammt.

Kurz vor dem farbenprächtigen, seltsam geformten Rhyolith-Berg **Drápuhlídarfjall** (527 m), auf dem Jaspis gefunden werden kann, ist die Straßenkreuzung erreicht, die rechts nach Vegamot zurückführt und links nach **Stykkishólmur*,** einem kleinen Dorf, dessen Besuch nur zu empfehlen ist.

Um den Álftafjördur herum geht es dann durch das Gebiet des Skógarströnd zur Hauptstraße Dalsmynni — Nordwesthalbinsel. Der Weg führt am **Hvammsfjördur** entlang, in dessen Eingang zahlreiche kleine und kleinste Inseln liegen, die mit dem Boot von **Stykkishólmur** aus zu erreichen sind.

Im Nordwesten des Landes
11. Brú — Hólmavík — Króksfjardarnes

Diese Route führte Sie an die Ostküste der großen Nordwesthalbinsel und von dort über die Berge zu ihrer Westküste, von wo aus Sie entweder den gesamten Nordwesten erkunden oder zurück in Richtung Reykjavík fahren könnten. Die Gesamtlänge der hier beschriebenen Strecke beträgt 152 km.

12 km hinter Brú erreichen Sie die erste Siedlung, **Bordeyri.** Es ist ein kleines, trostlos stilles Fischerdorf, dessen

---

Der Hafen von **Stykkishólmur**, fast ein wenig südländisch anmutend. Ganz in der Nähe das einzige Teehaus Islands, ebenfalls im Ort ein belgisches Nonnenkloster. Nicht nur deshalb ein Dorf mit ganz eigenem Charakter.

Armut Sie auch an den relativ wenigen neuen Häusern erkennen können. In den letzten zwanzig Jahren wanderten immer mehr Einwohner ab, heute sind es nur noch 38. Im Mittelalter war Bordeyri ein Handelszentrum, aber im 17. Jahrhundert verlor es erstmals stark an Bedeutung, weil Treibeis den Schiffsverkehr im Hrútafjördur häufig stillegte.

Wenn Sie jetzt am Hrútafjördur entlang weiterfahren, sehen Sie auf der gegenüberliegenden Fjordseite das Edda-Hotel Reykir. Sie gelangen zur Kirche von **Threstbakki,** in der ein sehr interessantes Altargemälde anzuschauen wäre. 18 km weiter kommt **Gudlaudsvík,** eine Anhäufung mehrerer Gehöfte, von denen eins auch als Pension eingerichtet ist.

Danach windet sich die Straße bergaufwärts bis auf eine Höhe von 160 m; Sie sind auf dem **Stikuhals.** Von hier aus können Sie auf den langen, schmalen, fast wie einen Fluß erscheinenden **Bitrufjördur** blicken, um den der Weg dann herumführt. Hier können Sie sich auf ein Charakteristikum der Nordwesthalbinsel einstimmen: die tiefeingeschnittenen Fjorde, die die Straßen immer umfahren müssen. Vielleicht geht es Ihnen auch so, daß Sie denken mögen, oh, wenn hier doch Brücken wären! Aber ginge dann nicht auch ein bißchen von der Eigenart des Landes verloren?

Wieder am Wasser fällt Treibholz auf. Es hat einen langen Weg hinter sich, kommt von Sibirien her. Heute wird es kaum noch genutzt, aber in früheren Zeiten verdankten die Isländer ihm allein die Möglichkeit, mit Holz bauen zu können.

Die Straße steigt erneut auf eine Anhöhe hinauf, **Ennishöfdi** (263 m), von wo aus Sie den Kollafjördur sehen. An seinem Ende liegt die kleine, aber sehenswerte Kirche von **Kollafjardarnes.**

119 km nach Brú ist **Hólmavík** erreicht. Das kleine Fischerörtchen am Steingrímsfjördur (331 Ew.) ist zugleich Verwaltungssitz des Bezirks Strandasýsla und beherbergt mehrere Fischverarbeitungsfabriken. Sehr empfehlenswert ist die kleine Pension mit Restaurant, dessen Einrichtung Sie in ein altdeutsches Wohnzimmer zurückversetzt.

Hinter Hólmavík führt die Straße noch weiter in nördliche Richtung, über die äußerst kleinen Orte Drangsnes, Djúpavík, Gjögur und Nordurfjördur bis nach Ingólfsfjördur, wo jeder Weg endet. Die Gegend ist so abgelegen, daß selbst die meisten Isländer hier noch nicht waren.

Wenn Sie von Hólmavík 9 km zurückfahren, biegt rechts eine allerdings sehr holprige und steile Straße über die **Trollatunguheidi** an die Westküste der Nordwesthalbinsel ab. Oben auf der Hochebene sind viele kleine Seen. Auf der Fahrt hinab nach Króksfjardarnes haben Sie einen herrlichen Ausblick auf den Breidafjördur mit seinen unzähligen Inseln und Schären, neben dem Weg stürzt die **Bakkaá** über viele kleinere und größere Stufen ins Tal hinunter.

Dann sind Sie auf der Straße Dalsmynni — Nordwesthalbinsel, an der wenige Kilometer weiter in südlicher Richtung **Króksfjardarnes** liegt (s. Strecke 13).

12. Króksfjardarnes — Baeir

Die Gesamtlänge der Strecke beträgt 106 km.

Am Hotel **Bjarkarlundur** vorbei geht es ans Ende der Bucht **Thorskafjördur,** wo staatliche Aufforstungsversuche unternommen werden. Dort führt eine Straße auf die **Kollabúdaheidi** hinauf, eine Landschaft von grenzenloser Einsamkeit, voller kleiner, flacher, von Gletschern geschürfter Seen, 490 m hoch, auf gleicher Höhe mit verharschten Schneeresten.

Dann geht es hinab ins Tal der **Langadalsá**, die sich in herrlichen Mäandern ihren Weg sucht.

Unten kommen Sie an eine Kreuzung. Statt nach Baeir könnten Sie hier auch nach **Ögur** weiterfahren (70 km), von wo aus ebenfalls eine Fährverbindung nach Isafjördur besteht. Der Weg würde Sie an **Reykjanes** mit seinen heißen Quellen und einer alten Holzkirche von 1864 vorbeiführen.

An **Melgraseyri** vorüber, wo Wanderer und Radfahrer schon das Schiff besteigen können, führt die Straße weiter. Am Ende der Bucht **Kaldalón** reicht eine Gletscherzunge des **Drangajökull** bis fast ins Meer hinab.

Der **Drangajökull** ist der nördlichste Gletscher Islands. Er bedeckt nur eine Fläche von 200 qkm und erreicht am Gipfel Jökulbunga mit 925 m seine größte Höhe.

22 km hinter Melgraseyri erreichen Sie die Gehöfte von **Baeir. V**on hier aus können Sie mit der MS „FAGRANES" nach **Isafjördur *** übersetzen.

Das Boot verkehrt etwa zweimal wöchentlich. Über den genauen Fahrplan unterrichten Sie die Reisebüros in Reykjavík. Telefonische oder schriftliche **Vorausbuchung** ist unbedingt notwendig, da das Schiff höchstens fünf Autos transportieren kann. Dabei ist in der Regel die Verbindung Baeir — Isafjördur weniger stark ausgelastet als umgekehrt.

In der Nähe des Anlegestegs bestehen **Zeltmöglichkeiten**. Sie könnten so schon einen oder mehrere Tage vorher hier ankommen und die Wartezeit zu **Wanderungen** in dieser abgelegenen Gegend nutzen. Weiter oben im Norden liegen noch einige Gehöfte, die nur zu Fuß oder von See aus zu erreichen sind. Die Bauern dort gehören zu den isoliertesten und damit gastfreundlichsten des ganzen Landes. Bevor Sie sich aber auf den Weg machen, sollten Sie sich auf jeden Fall vorher in Baeir nochmals erkundigen.

13. Isafjördur — Patreksfjördur — Dalsmynni

Diese Route führt Sie von Isafjördur, der größten Stadt der Nordwesthalbinsel, 509 km weit zur Hauptstraße Reykjavík - Akureyri zurück. Unterwegs bestehen mehrere Übernachtungsmöglichkeiten.

Tiefeingeschnittene Fjorde und basaltische Gebirge bestimmen den Charakter der Nordwesthalbinsel. Beide lernen Sie auf dieser Fahrt in ihren verschiedensten Formen kennen. Die Straße windet sich immer wieder über Gebirge zu Fjorden hinunter, steigt dann auf, um ein wenig abzukürzen, bevor es erneut um einen Fjord herumgeht. An der Küste liegen mehrere Fischerdörfer.

Erster Punkt von Interesse ist das Gehöft **Mýrar,** wo im Mai und Juni unzählige Scharen von Eiderenten nisten, deren Federn den Bauern ein begehrtes Nebeneinkommen bescheren.

Thingeyri am Dýrafjördur (379 Ew.) leitet seinen Namen von einer alten Thingstätte ab, die hier in den frühen Jahren des Freistaats lag.

19 km weiter kommen Sie zum Gehöft **Hrafnseyri,** wo ein Gedenkstein von Einar Jónsson und alte Mauerreste daran erinnern, daß hier im Jahr 1811 der isländische Unabhängigkeitskämpfer Jón Sigurdsson geboren wurde.

Leifur Eiríksson Heppni — Leif Eiríksson der Glückliche. Er entdeckte im Jahr 1000 Amerika, lange vor Columbus also — Funde dort beweisen es.

Nachdem Sie um den Borgarfjördur (nicht zu verwechseln mit dem gleichnamigen, größeren Fjord weiter südlich!) herumgefahren sind, erreichen Sie den Wasserfall **Dynjandifoss,** auch **Fjallfoss** genannt, der mit seinem breit gefächerten Wassersturz zu den schönsten des Landes gezählt werden darf. Ganz in der Nähe sind noch eine Reihe anderer, kleiner Fälle.

Sie kommen näher an den Dynjandifoss heran, wenn Sie ein Stück die Straße nach **Laugaból** nehmen und dann den Rest zu Fuß gehen.

Im Nordosten erhebt sich das Bergland des ehemaligen Gletschers **Gláma,** der durch die Klimaverbesserung vom 16.—19. Jahrhundert vollständig weggeschmolzen ist.

Wenige Kilometer weiter hätten Sie die Möglichkeit, die Fahrt über die Nordwesthalbinsel abzubrechen, indem Sie über den **Tröllahals** direkt zum Vatnsfjördur fahren. Die Strecke nach Dalsmynni verkürzt sich so um 122 km auf 387 km.

Nächster Ort ist **Bíldudalur** (293 Ew.), ein kleines Fischerdorf am Arnarfjördur, der touristisch aber uninteressant ist.

Über die Berge führt die Straße zum Tálknafjördur und dann zum **Patreksfjördur** mit der gleichnamigen Stadt, die manchmal auch **Vatneyri** genannt wird. Der Name des Fischerstädtchens ist irischen Ursprungs, Zeichen dafür, daß auch hier schon vor den Wikingern keltische Mönche gelebt haben müssen. Der Ort (990 Ew.) ist recht hübsch, besitzt aber kein Hotel. Auf dem Flugplatz landen Linienflugzeuge der ICELANDAIR aus Reykjavík.

Am Ende des Patreksfjördur biegt eine kleine Straße nach **Bjartangar,** dem westlichsten Punkt Europas, ab (50 km). Das Kap ragt 440 m hoch aus dem Meer auf, oft wehen heftige Winde. Ein paar Kilometer weiter westlich liegen die Klippen von Látrabjarg, wo im Dezember 1947 der britische Trawler 'Dhoon' strandete und seine Besatzung in einer mehrtägigen, äußerst dramatischen Rettungsaktion geborgen werden konnte — ein Ereignis, von dem in Seefahrerkreisen noch heute gesprochen wird.

Etwa 55 km nach Patreksfjördur liegt am **Vatnsfjördur** links der Straße das Gehöft **Brjánslaekur.** Der Bauer hier ist es gewohnt, daß oft Touristen kommen, um ihn nach dem Weg zur kleinen Schlucht **Suturbrandsgil** zu fragen, die nicht nur ihres hübschen Wasserfalls wegen interessant ist. Nach einem dreiviertelstündigen Fußmarsch über teils sumpfige Wiesen sind Sie dort. Überall an den Wänden finden Sie im Basalt Blattversteinerungen von Eichen, Birken und Weiden;

ganze Schichten von gepreßten Bäumen durchziehen die Wände der Schlucht.

Sie fahren jetzt wieder am **Breidafjördur** entlang und sehen die zahlreichen, kleinen Inselchen. Um viele kürzere Seitenfjorde herum geht es zurück in Richtung Süden, bis Sie das Dorf **Króksfjardarnes** erreichen. Über Búdardalur (206 Ew.), wo es auch ein Hotel gibt, gelangen Sie nach **Dalsmynni** und sind damit wieder auf der Hauptstraße Reykjavík — Akureyri.

Von Búdardalur aus könnten Sie noch einen Abstecher zur Farm **Eiríksstadir** unternehmen, wo Leifur Eiríkson geboren wurde, der lange vor Columbus schon Amerika entdeckt hatte. Außer dem Namen erinnert allerdings nichts mehr an ihn.

Im Norden des Landes

14. Varmahlíd — Siglufjördur — Akureyri

Die Gesamtlänge dieser Strecke beträgt 177 km. Sie stellt eine Alternative zur direkten Verbindung nach Akureyri dar (Umweg: 79 km).

In **Varmahlíd** wäre die Hauptstraße zu verlassen. Nach wenigen Kilometern liegt rechts des Wegs das alte Torfgehöft **Glaumbaer***, das heute als Museum eingerichtet ist.

Vorbei am See **Miklavatn** mit seinem reichen Vogelleben geht es weiter nach **Saudarkrókur**. Der Ort am Skagafjördur besitzt seit 1947 Stadtrechte. Er zählt jetzt 1649 Einw. und wird wie Reykjavík vom Wasser der naheliegenden heißen Quellen beheizt. Davon profitiert der Tourist im Hotel und im Freibad.

24 km weiter biegt rechts eine Straße ins Hjaltardalur ab, in dem der alte Bischofssitz **Hólar*** liegt (11 km).

Nächste Ortschaft an der Strecke ist **Hofsós** (283 Einw.), ein Fischerdorf. Anzuschauen wäre ein hölzerner Lagerschuppen aus dänischer Zeit.

Am Ende eines anderen Sees namens **Miklavatn** können Sie einen Abstecher nach **Siglufjördur*** unternehmen (24 km). Die Straße teilt sich später: man kann entweder über die Berge des Siglufjardarskard in die Stadt kommen (schwieriger Paß) oder an der Küste entlang und durch den 800 m langen Tunnel **Strákagöng**.

Olafsfjördur (1083 Ew.), von manchen als die schönste Stadt Islands bezeichnet, ist die nächste Siedlung, schon an einer Seitenbucht des Eyjafjördur, dem Olafsfjördur, gelegen. Hohe Berge erheben sich ringsum; der höchste von ihnen ist der 1078 m hohe Kistufjall. In Olafsfjördur gibt es ein Schwimmbad, das wie die ganze Stadt vom Wasser der nahegelegenen heißen Quellen beheizt wird.

Am Eingang zum Olafsfjördur steigt Kap **Olafsfjardarmúli** (415 m) aus dem Meer. Von oben hat man einen herrlichen Blick auf den Eyjafjördur und bis hinauf zur Insel **Grímsey.**

Die kleine Insel **Grímsey** liegt direkt unter dem Polarkreis. Abgesehen von einer Schäre, **Kolbeinsey,** die noch weiter im Nordmeer draußen zu finden ist, aber nicht bewohnt wird, bildet Grímsey (82 Ew.) den nördlichsten Besitz Islands. Die Bevölkerung lebt überwiegend vom Fischfang.

Auf Grímsey gibt es kein Hotel. Schiffs- und Flugverkehr von Akureyri aus, meist aber nur innerhalb organisierter Touren.

Beim Bauernhof **Karlsá** wäre das Modell eines alten Fischerboots anzuschauen, das zum Gedenken an den im frühen 18. Jahrhundert lebenden Schiffsbauer Eyvind Jónsson aufgestellt wurde, der hier lebte und wegen seiner großen Kunstfertigkeit weithin berühmt war.

Bald darauf erreichen Sie **Dalvík** (1087 Ew.), das bei einem Erdbeben im Jahr 1934 teilweise zerstört worden war. Der Stadt vorgelagert ist die Insel **Hrísey.**

Nach **Hrísey** (296 Ew.) bestehen Fährverbindungen von **Lítli-Arskógssandur** aus, deren Fahrplan Sie am besten in Dalvík oder in Akureyri erfragen.

Auf der Insel, von der ein Teil für das Publikum gesperrt ist, da er sich in Privatbesitz befindet, wären heiße Quellen, der Hafen und eine Fischfabrik anzutreffen, allerdings kein Hotel.

Bevor Sie nach **Akureyri*** gelangen, führt die Straße noch an **Hjalteyri** (57 Ew.) vorbei, einem Ort, der langsam ausstirbt, und am Gehöft **Mödruvellir,** wo im Mittelalter (1296—1550) ein Augustinerkloster stand.

15. Halbinsel Tjörnes — Asbyrgi — Dettifoss

Diese Route bietet sich als Ausflug von Akureyri oder vom Mývatn aus an bzw. als Alternative zur direkten Fahrt nach Ostisland. Sie zweigt bei Einarsstadir von der Hauptstraße Akureyri — Mývatn ab und erreicht sie wieder bei Grímsstadir. Ihre Gesamtlänge beträgt 165 km; Hotelübernachtung ist nur in Húsavík möglich.

Die erste Sehenswürdigkeit entlang der Strecke ist **Grenjastadur,** ein Ende des letzten Jahrhunderts erbautes Torfgehöft, das heute als Museum eingerichtet ist (geöffnet täglich 10—12 und 13—19 Uhr).

Kurz danach folgt das Kraftwerk **Laxárvirkjun,** das größte in Nordisland, von dem auch Akureyri * seinen Strom bezieht. 4 km weiter treffen Sie auf die größtenteils neu erbaute Straße vom Mývatn * nach Húsavík, auf der die Kieselgur-Transporte abgewickelt werden.

An diesem Weg liegt **Hveravellir,** eine kleine Siedlung mit zahlreichen heißen Quellen und Geisern, die jedoch fast alle genutzt werden und damit touristisch weniger interessant sein dürften. Mit ihrem heißen Wasser werden Gewächshäuser beheizt; seit kurzem ist auch die Stadt Húsavík durch Pipeline an die Quellen angeschlossen.

Laxamýri ist wieder einmal ein Gehöft, das für die Freunde isländischer Literatur erwähnt werden muß. Hier wurde 1880 der Dichter Jón Sigurjónsson geboren, der außerdem als liberaler Staatsmann und Herausgeber einiger Sagas Ruhm erlangte.

Südwestlich von Laxamýri beginnt die 50 qkm große Lavafläche **Adaldalshraun,** an deren Rand auch der Flugplatz von Húsavík liegt. Die Adaldalshraun **lohnt wegen ihres hübschen Pflanzenbewuchses und ihrer eigenartigen Lavaformationen einen kurzen Abstecher.**

Kurz hinter Laxamýri eröffnet sich Ihnen der Blick auf den rötlich schimmernden Berg Húsavíkurfjall (417 m), zu dessen Füßen das Städtchen **Húsavík *** auf Ihren Besuch wartet.

14 km weiter erreichen Sie das Gehöft **Hallbjarnarstadir.** Wenn Sie hier Ihr Fahrzeug verlassen und einige hundert Meter in südlicher Richtung zur Küste gehen, finden Sie einen der reichsten Fossilienfundplätze der Welt. Hier haben sich 30 Millionen Jahre alte Muscheln in großer Vielfalt und Vielzahl so gut erhalten, daß man glauben möchte, sie seien gerade erst angeschwemmt worden. Der Bauer von Hallbjarnarstadir verkauft auch einige hübsche Stücke, aber Sie können selbst solche Mengen finden, daß es sich schon lohnt, einen Einkaufsbeutel oder eine Tasche mitzunehmen.

Dann geht die Fahrt um die Nordseite der Halbinsel **Tjörnes** herum. Die Küste fällt hier steil ins Meer ab, die Halbinsel selbst ist jedoch ziemlich flach.

23 km nach Hallbjarnarstadir liegt links weit unter Ihnen die Lagune **Lón,** vom Meer durch einen schmalen Streifen tiefschwarzen Sandes getrennt, durch den sich schlangenförmig das Wasser einen Weg hinaus in die See sucht. Auf der anderen Seite des **Axarfjördur** sehen Sie den am weitesten nach Norden ragenden Teil Islands, die Halbinsel **Melrakkaslétta,** und hinter der Lagune erheben sich wie eine Filmkulisse die drei Tafelberge Valthjófsstadafjall (369 m), Sandfell (525 m) und Hafrafell (512 m).

Die Straße führt jetzt hinab in die fruchtbare Senke **Keldurhverfi,** an deren östlichen Rand sich als eine der größten geologischen Sehenswürdigkeiten des Landes auch **Ásbyrgi** findet. Ásbyrgi läßt sich mit Worten kaum beschreiben: eine 4 km lange Schlucht, von bis zu 100 m hohen Felswänden eingerahmt, durch deren vordere Hälfte sich ein ebenso hoher Fels zieht, der diesen Teil der Ásbyrgi nochmals in zwei Schluchten zerteilt. Eine ähnliche Naturerscheinung ist auf der ganzen Erde sonst nicht mehr vorhanden. Das niedrige Buschwerk und ein kleiner, blauer Teich tragen ein übriges dazu bei, diese Absenkung zu einem der beliebtesten Erholungsgebiete Islands zu machen.

Kurz vor Asbyrgi biegt rechts der sogenannte **Dettifossvegur** ab, der am Echofelsen **Hljódaklettar** vorbei zum **Dettifoss** und zurück zur Hauptstraße Akureyri — Ostisland führt. Von diesem Weg eröffnet sich zwar ein noch besserer Blick auf den Dettifoss als von der anderen Flußseite aus, der aber durch eine äußerst mühsame Fahrt über eine holprige Oberfläche erkauft werden muß.

Kurz nach Ásbyrgi überquert die Straße auf der erst 1957 erbauten Brücke die **Jökulsá á Fjöllum,** den zweitlängsten Fluß Islands (206 km). Die Jökulsá bildet von hier aus bis hinauf zum Dettifoss einige sehr schöne Canyons und Wasserfälle. Der erste, den Sie erreichen, ist der kleine **Vigabergfoss,** dann folgt der **Hafragilsfoss.** Die Fahrt geht durch die sandige Einöde des **Hólssandur,** dann sehen Sie schon von weitem die hoch aufschäumende Gischt des **Dettifoss,** des mächtigsten Wasserfalls Islands. Die Jökulsá stürzt hier über 60 m tief hinab und fließt dann durch einen eindrucksvollen

---

Der **Dettifoss,** mächtigster Wasserfall Islands. Mit lautem Getöse stürzt die Jökulsá á Fjöllum 60 m tief hinab.

Canyon flußabwärts. Oberhalb des Dettifoss sehen Sie schon den **Sellfoss,** dessen Fallhöhe allerdings nur 10 m erreicht.

Weiter geht es durch die große sandige und steinige Ebene, fern voraus den Herdubreid, Islands schönsten Horstvulkan, im Blickfeld, bis Sie bei Grímsstadir auf die Hauptstraße nach Ost und West treffen.

16. Akureyri — Eyjafjördur-Tal — Akureyri

Diese 59 km lange Rundfahrtstrecke eignet sich vor allem für einen kürzeren Ausflug von Akureyri aus. Sie führt aber auch zu einer Hochlandstraße, über die man auf den Sprengisandur gelangt (→ Strecke 23).

Das **Eyjafjördur-Tal** ist ein fruchtbares Landwirtschaftsgebiet, auf drei Seiten von hohen Bergen eingeschlossen. Der höchste ist der Kerling (1538 m), am interessantesten ist vielleicht der pyramidenförmige, aus Rhyolith aufgebaute **Súlur** (1144 m). Durch das Tal fließt die **Eyjafjardará.**

Wenn Sie zunächst am westlichen Ufer dieses Flusses aufwärts fahren, kommen Sie am Gehöft **Kristnes** vorbei, wo der erste Siedler in diesem Gebiet, Helgi magri, gelebt haben soll. Seine Statue steht in Akureyri.

In **Grund** finden Sie eine nette Kirche aus dem Jahr 1905 vor. Älter ist die Torfkirche im bald folgenden **Saurbaer,** die 1858 errichtet wurde.

Von Saurbaer aus könnten Sie über **Thormódsstadir** den Anfang des Hochlandwegs zum **Sprengisandur** erreichen. Der Weg durch das unbewohnte Gebiet ist aber stellenweise sehr holprig, allgemein nicht befestigt und, da er bis auf über 1000 m aufsteigt, nur im Hochsommer und auch dann nur für geländegängige Fahrzeuge befahrbar. Eine bessere Verbindung zum Sprengisandur und weiter nach Südisland zweigt beim Godafoss von der Hauptstraße (Strecke 3) ab.

Wenn Sie zurück nach Akureyri möchten, können Sie bei Saurbaer die Eyjafjardará überqueren und sind dann gleich an der Kirche von **Mödruvellir,** wo ein Altarbild aus dem 15. Jahrhundert anzuschauen wäre.

Eine weitere interessante Kirche befindet sich in **Munkathvéra** (1844 erbaut). Hier steht auch ein Denkmal für Jón

---

Seydisfjördur — die guten Zeiten sind vorbei.

Arason, den 1550 in Skálholt* hingerichteten Bischof, der hier geboren wurde.

Vor dem Ende Ihres Ausflugs könnten Sie schließlich in **Laugaland** noch ein Bad im angenehm temperierten Wasser nehmen und sich die heißen Quellen anschauen, die dafür sorgen.

Im Osten des Landes

17. Egilsstadir — Seydisfjördur

Die 27 km lange Fahrt von Egilsstadir nach Seydisfjördur dauert nicht lange, bietet Ihnen aber zweimal hintereinander herrliche Aussichten. Wenn die Straße kurz nach Egilsstadir zur **Fjardarheidi** hinaufklettert, können Sie weit in das meerwärts gelegene Tal des Lagarfljót hineinschauen und in der anderen Richtung dann den Lögurinn überblicken, ja, sogar bis hinauf zum ewig schneebedeckten Snaefell reicht das Auge.

Bald darauf windet sich die Straße, die zu den höchstgelegenen des Landes zählt (bis 620 m) hinab nach **Seydisfjördur,** das weit unten am Ende des gleichnamigen, engen Fjords zwischen den über 1000 m hohen Bergen liegt. Mehrere Wasserfälle säumen den Weg in den aufstrebenden Ort, dessen Bevölkerung vor allem vom Heringsfang lebt (am Ortsende Tanks für Heringsmehl). Neuerdings ist Seydisfjördur auch der einzige Hafen Islands, von dem aus eine Fährverbindung nach Schottland und Norwegen besteht. Hinter Seydisfjördur führen zwei Straßen noch wenige Kilometer fjordaufwärts, dann enden sie. Im Winter, wenn der Weg über das Hochmoor Fjardarheidi zugeschneit ist und die Stürme auf dem Meer toben, ist Seydisfjördur manchmal tagelang von der Außenwelt abgeschnitten, nur das Telefon stellt noch eine Verbindung her ... Seydisfjördur kann keine Sehenswürdigkeiten aufweisen, aber die Fahrt hierher lohnt trotzdem.

Im Hochland

18. Durch das Kaldidalur

Eine Fahrt durch das Kaldidalur ist für all die Touristen, die nur für sehr kurze Zeit auf Island weilen, die beste Gelegenheit, ein Stück unbewohntes Hochland kennenzulernen.

Die Straße ist stellenweise recht rauh, Sandstürme sind häufig, ein Fluß ist zu durchqueren, der allerdings bei normalem Wetter kein arges Hindernis darstellt. Bei schlechtem Wetter sollten Sie sich auf jeden Fall vor Abfahrt nach dem Streckenzustand erkundigen.

Aber auch, wenn Sie länger bleiben, lohnt sich die Reise zwischen den Gletschern.

Die Straße beginnt in Thingvellir* und führt nach Húsafell im Borgafjördur-Bezirk (wo sich Strecke 9 anschließt). Sie bietet sich als interessante Variante zur direkten Verbindung nach Akureyri, Snaefellsnes und auf die Nordwesthalbinsel an.

Im Juli und August kann die Kaldidalur-Route von Fahrzeugen jeder Bauart befahren werden. Im Juni und September liegt oft noch bzw schon wieder Schnee; in den übrigen Monaten ist die sehr hoch gelegene Bergstraße (bis zu 727 m) in der Regel nicht passierbar.

Auf geht's! Zunächst zum See **Sandkluftavatn,** der zwischen den Bergen Ármannsfell (766 m) und Lagafell (538 m) um sein Fortbestehen kämpft. In der Sandwüste rundherum bläst fast immer der Wind, treibt den Sand in den See oder — für Autofahrer schlimmer — auf die Straße.

Etwa 26 km nach Thingvellir merken Sie vom Sand nichts mehr, wenn vielleicht der Sturm auch hier noch immer bläst — keine Seltenheit in dieser Gegend.

Links zweigt der **Uxahryggir-Weg** ab, der ins bewohnte Breidafjördur-Gebiet führt. Lohnender ist es, die Kaldidalur-Route weiter zu fahren.

Die Straße steigt zur **Bláskógaheidi** auf. Oben steht eine Schutzhütte, in der Sie eine einsame Nacht im Hochland verbringen könnten — falls Sie sich nicht vor den Trollen fürchten, die nach altem isländischen Glauben überall hier oben herumspucken sollen.

Falls die Trolle Sie ungeschoren davonkommen lassen, können Sie jetzt südöstlich voraus den 1060 m hohen Schildvulkan **Skjaldbreidur** besonders gut sehen, der oft als schönster Berg seiner Art bezeichnet wurde. Er ist übrigens relativ leicht zu besteigen — gute Kondition vorausgesetzt. 550 m

Höhenunterschied sind vom Fuß bis zum Gipfel zurückzulegen, der Durchmesser des Fußes beträgt etwa 9 km. In historischer Zeit ist der Skjaldbreidur wie alle Schildvulkane (außer Surtsey *) nicht mehr ausgebrochen.

Neben dem Skjaldbreidur erhebt sich der **Hlödufell** (1188 m), seinerseits ein beeindruckender Vertreter vom Typ Horstvulkan.

Dann erreichen Sie das eigentliche **Kaldidalur,** von dem die ganze Straße ihren Namen empfing. Das Kaldidalur liegt zwischen den Gletschern Thórisjökull, Langjökull und Ok — ein gewaltiger Anblick. Die Eismassen erscheinen zum Greifen nahe ...

Der **Ok** ist wiederum ein Schildvulkan, 1198 m hoch, entstanden zwischen den beiden letzten Eiszeiten. Sein Haupt ist von ewigem Eis und Schnee bedeckt.

Der **Langjökull** ist der zweitgrößte Gletscher Islands, seine höchste Erhebung erreicht 1355 m. Das Eis bedeckt 1020 qkm. Sie können die andere Seite des Gletschers sehen, wenn Sie auf dem Kjalvegur fahren (Strecke 20).

Der **Thórisjökull** ist 1430 m hoch. Unter der Eiskappe verbirgt sich ein Horstvulkan.

Nordwestlich vom Langjökull erhebt sich ein weiterer Gletscher, der **Eiríksjökull,** 1675 m hoch und, wie der Thórisjökull, ebenfalls ein Horstvulkan.

Im Angesicht der Gletscher geht die Fahrt weiter bis zum Fluß **Lambá**, über den jetzt eine Brücke geschlagen wurde. Er ist, wie bereits gesagt, nicht sonderlich gefährlich, doch empfiehlt es sich, vor der Durchfahrt erst die gegenwärtig günstigste Furt zu suchen.

Kurz danach ist **Húsafell** erreicht; Sie sind wieder in bewohntem Gebiet.

19. Arnarvatnsheidi-Route

Der Weg von Húsafell über die Arnarvatnsheidi ins Vididalur (ca. 100 km) oder Vatnsdalur (ca. 110 km) ist der schlechteste von den drei Verbindungen, die durch das unbewohnte Innere den Süden mit dem Norden Islands verbinden. Er ist **immer** nur für Jeeps befahrbar und selbst für diese oft noch schwierig oder gar unpassierbar. Zudem wird er seltener befahren als die anderen beiden, so daß eigentlich nur davon abzuraten ist, ihn zu benutzen.

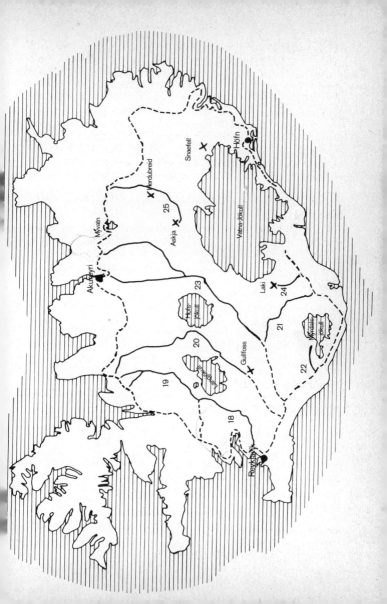

20. Gullfoss — Nordisland (Kjalvegur)

Der Kjalvegur stellt die kürzeste Verbindung zwischen Nord- und Südisland her. Er ist aber nur im Sommer befahrbar und auch dann zeitweise nur für vierradgetriebene Fahrzeuge. Einige Flüsse können bei anhaltendem schlechten Wetter für normale Wagen zum Problem werden. Da der Kjalvegur aber im Juli und August recht stark befahren ist (das heißt, es benutzen ihn täglich mehr als 20 Autos), ist es während dieser Zeit auf jeden Fall ratsam, den Versuch zu unternehmen. Nur wer wagt, gewinnt — und ein bißchen Abenteuer gehört einfach zum Urlaub auf Island. Der Sicherheit wegen sollten Sie aber an größeren Flüssen warten, bis ein anderes Fahrzeug in der Nähe ist.

Der erste Test steht Ihnen schon 12 km hinter dem Gullfoss bevor. Hier erwartet Sie die **Sandá,** die, wenn sie viel Wasser führt, zum ernsthaften Problem werden kann. Alle anderen Flüsse, die später noch kommen, sind bei weitem nicht so schwierig zu meistern (es sei denn, im Norden sind lang anhaltende Regenfälle vom Himmel gefallen).

Sie fahren jetzt durch die weite Einöde des unbewohnten Hochlands. Die Straße ist nicht schlechter als in den bewohnten Gebieten auch. Nur wenige Kilometer westlich des Wegs liegt der große Gletscher **Langjökull** (1020 qkm), der Sie auf einem Großteil der Strecke begleiten wird. Nachdem Sie am 1204 m hohen Bláfell vorbei sind, eröffnet sich Ihnen der Blick auf den **Hvítárvatn,** den meiner Meinung nach schönsten See Islands. Er reicht direkt bis an den Gletscher heran und zwei glasiggrüne Zungen des mächtigen Langjökull, der **Nordur-** und **Sudurjökull,** fließen direkt in den See hinein. Zwischen beiden erhebt sich, völlig eisfrei, der Berg **Skridufell.** Wenn Sie etwas Glück haben, können Sie die Gletscher kalben sehen — Eisberge lösen sich unter lautem Getöse und treiben in den See hinaus.

Dicht am See steht eine Schutzhütte des isländischen Touristenvereins, **Hvítárnes** genannt. Von hier aus haben Sie einen herrlichen Blick: auf Langjökull und Hvítárvatn, den von den Gletscherzungen eingerahmten Skridufell, auf Bláfell und in der Ferne die Kerlingarfjöll; gleich vor der

---

Gullfoss, der „Goldene Wasserfall". Ein bequemer Tagesausflug von Reykjavík aus bringt Sie hin.

Hütte eine große Ebene, grasbestanden, Pferde darauf weidend.

Irgendwann müssen Sie sich von dieser grandiosen Landschaft trennen, weiterfahren. 22 km weiter bietet sich Ihnen die Gelegenheit zu einem neuen, unvergeßlichen Erlebnis.

Hier biegt ein Weg zum **Kerlingarfjöll** ab. Nach 11 km erreichen Sie die Schutzhütte, hier gibt es auch eine Tankstelle. Noch 4 km weiter endet die Straße, Sie sind am Rand des ewigen Schnees. Hier oben tummeln sich die Skiläufer: die Schutzhütte ist das Quartier einer Sommerskischule, in der auch ausländische Gäste willkommen sind.

Schöner noch als der Anblick der recht alpin anmutenden Spitzen der Kerlingarfjöll, von denen die höchste 1477 m erreicht, ist eine Wanderung ins **Hveradalir.** Den Dampf der Quellen haben Sie schon vom Weg her sehen können. Er steigt aus tiefeingeschnittenen Tälern kleiner Bäche und vom Rand der Schneefelder aus auf. Dort, wo Quellen sind, schmelzen Eis und Schnee, Eishöhlen entstehen. Hveradalir ist mit Abstand das schönste Quellengebiet der Insel, wenn auch nicht so bekannt wie andere, die verkehrsgünstiger liegen. Hier ist noch nichts abgezäunt, um den Touristen zu schützen, keine Tafeln warnen vor heißen Quellen. Hveradalir sollten Sie nicht versäumen, wenn Sie über den Kjalvegur fahren.

Im Gebiet der Kerlingarfjöll können Sie leicht **Obsidian** finden, das schwarze, glasartige Gestein, das sich hervorragend für Schmuckstücke eignet. Obsidian entsteht dort, wo die vulkanischen Ergüsse sehr schnell erstarren.

Auf dem Weg zu den Kerlingarfjöll müssen Sie einen Fluß durchqueren, der bei schlechtem Wetter für normale Fahrzeuge die Weiterfahrt verhindern kann. Falls Sie keinen Landrover finden, der Sie durchzieht, könnten Sie allerdings auch zu Fuß weiterwandern.

Zwischen dem zweit- und dem drittgrößten Gletscher Islands, dem Langjökull und dem Hofsjökull (995 qkm), liegt

---

Die heißen Quellen im **Hveradalir** — unberührte, ungewöhnliche Natur weitab von allen menschlichen Siedlungen. So etwas finden Sie in Europa sonst nirgendwo mehr.

ein anderes Gebiet mit heißen Quellen, **Hveravellir**. Auch hier gibt es eine Schutzhütte und eine Tankstelle. Die Lage des Quellenfeldes ist zwar nicht so beeindruckend wie im Hveradalir, dafür finden sich aber sehr schön gezeichnete Quellen, voll des verschiedenfarbigsten Wassers.

Ein Weg führt vom Hveravellir ins **Thjófadalir,** wo in sehr schöner Umgebung, nahe am Langjökull, eine weitere Schutzhütte zu finden ist.

Sie haben jetzt ungefähr die Hälfte des Kjalvegur hinter sich. Von nun an geht es durch ödes, aber keineswegs eintöniges Gebiet wieder in bewohnte Gegenden. Immer wieder aufs neue kommen Berge ins Blickfeld, bis Sie im tief eingeschnittenen Tal der Blandá auf das erste Gehöft stoßen. Von hier aus können Sie nun Ihre Reise entweder nach **Blönduos** oder **Akureyri** * fortsetzen.

Da das Wetter im Nordland meist dem im Süden entgegengesetzt ist (das heißt: wenn es im Süden regnet, ist es im Norden schön und umgekehrt), brauchen Sie auf der Strecke hinter Hveravellir dann nicht mehr mit problematischen Flußdurchquerungen zu rechnen, wenn Ihnen die Sandá im Süden Kummer bereitet hat. Sollte sie jedoch leicht zu queren gewesen sein, kann die **Seydisá** im Norden Schwierigkeiten bereiten.

Insgesamt sind etwa 25 kleinere und größere Wasserläufe zu durchfahren. Über einige weitere Flüsse sind jedoch in den letzten Jahren schon Brücken geschlagen worden und diese Entwicklung wird sich sicherlich fortsetzen.

21. In die Landmannalaugar und zur Eldgjá

Bis vor wenigen Jahren war der sogenannte **Fjallabaksvegur** Hauptzufahrtsstraße zur Landmannalaugar. Heute ist es günstiger, die neue Verbindung vom **Landsvirkjun** an der Tungnaá aus zu wählen, da sie ohne weiteres für alle Fahrzeuge benutzbar ist.

Von der Landmannalaugar zur **Eldgjá** verläuft der Weg teilweise hunderte Meter lang direkt im Flußbett, so daß kleinere Autos bei ungünstigem Wetter Schwierigkeiten haben könnten. Zwischen Eldgjá und der Hauptstraße von Vík nach Kirkjubaejarklaustur können meist nur geländegängige Fahrzeuge verkehren, andere müßten wieder über die Landmannalaugar zurückfahren.

Der **Ofaerufoss** in der Eldgjá gehört zu den kleineren Wasserfällen — und doch zu den schönsten.

In der Landmannalaugur gibt es eine **Touristenhütte** des Ferdafélag, in der man übernachten könnte. Dieser Verein veranstaltet auch jedes Wochenende **Touren** dorthin.

Zunächst folgt die Straße dem Lauf der **Tungnaá**, die hier durch einen sehr schönen **Canyon** fließt. Oberhalb dieses Canyons soll ein Stausee für das neue Kraftwerk **Landsvirkjun** angelegt werden. — Man könnte hier noch den Wasserfall **Hrauneyjarfoss** (30 m hoch) anschauen.

Vor dem **Frostadavatn**, wo der neue Weg auf den alten Fjallabaksvegur trifft, könnten Sie noch einen Abstecher zu den beiden sehr hübschen Maaren **Hnausar** und **Ljótipollur**, in dem rätselhafter Weise viele Forellen schwimmen, obwohl jeglicher Zu- und Abfluß fehlt, unternehmen. Die Strecke dorthin ist ausgeschildert.

Die **Landmannalaugar** trägt ihren Namen nach den heißen Quellen, die hier zu finden sind. Sie gehören zu einem Gebiet, das 'Land' genannt wird und von hier bis zur Hauptstraße im Süden und zur Thjórsá reicht. So bedeutet Landmannalaugar 'Heiße Quellen der Leute aus Land'.

Gelblich, bräunlich und rötlich scheinende Liparitberge verleihen der Landmannalaugar ihren ganz eigenen Reiz. Am Rand eines Lavafeldes aus reiner Obsidianlava steht die Touristenhütte, sehr groß, mit guteingerichteter Küche und Heißwasser-Heizung. Ein Fluß fließt dicht vorbei, in dem Sie selbst bei kältestem Wetter baden können: er ist hier etwa 30 Grad warm, aufgeheizt durch heiße Quellen.

50 m rechts der Hütte beginnt am Lavafeld ein ausgeschilderter Wanderweg, der Sie in ca. 60 Minuten durch die herrliche Obsidianlava zu den heißen Quellen führt, die Sie schon von unten dampfen sehen. Links der Hütte führt ein von unten deutlich erkennbarer Weg hinauf auf den Bláhnúkur, eine vulkanische Staukuppe.

Die **Eldgjá** (dt. 'Feuerspalte') gehört zu den Erscheinungen des Spaltenvulkanismus, ist aber nicht wie die Lakagígar eine Kraterreihe, sondern ein weit über 30 km langer offener Graben. Besonders schön ist er an seinem nord-östlichem Ende unterhalb des Berges **Gjátindur** (935 m), von dem aus Sie bis zum Laki hinüber blicken können.

In diesem Teil der Eldgjá findet sich auch der **Ofaerufoss**, dessen Wasser über mehrere Kaskaden in die Tiefe stürzt. Über den Fall führt eine natürliche Brücke aus Basalt.

22. Thorsmörk

Thórsmörk ist ein enger Ausläufer des Markarfljóts-Tals, umgeben von hohen Bergen und den großen Gletschern Mýrdalsjökull *, Eyjafjallajökull und Tindfjallajökull. Wegen seiner geschützten Lage ist es hier meist wärmer, sonniger und trockener als im nur wenige Kilometer entfernten Küstengebiet.

Durch die Thórsmörk fließt die **Krossá**, im Tal wachsen die verschiedensten Pflanzen, teilweise auch Birkengestrüpp. So nimmt es nicht Wunder, daß die Thórsmörk ein beliebtes Ausflugsziel der Südisländer ist, zu dem von Reykjavík aus viele geführte **Touren** veranstaltet werden.

Die Entfernung von Reykjavík nach Thórsmörk beträgt 151 km. Von Reykjavík bis zur Markarfljótsbrú könnten Sie der Haupstraße durch das Südland (Strecke 1) folgen. Von der Markarfljótsbrú bis zur Thórsmörk sind es dann 25 km. Da aber auf diesem kurzen Stück zahlreiche Arme des großen Gletscherflusses durchquert werden müssen, können Sie normalerweise nur mit geländegängigen Fahrzeugen hingelangen.

Die Straße führt dicht am Eyjafjallajökull vorbei, bis Sie die **Touristenhütte** des Ferdafélag erreicht.

Von Thórsmörk aus ist es möglich, zwischen Eyjafjallajökull und Mýrdalsjökull hindurch, die hier nur wenige hundert Meter auseinander stehen, hinüber nach Skógar zu wandern. Ein einheimischer Führer wäre dafür allerdings empfehlenswert.

23. Sprengisandur-Route

Der **Sprengisandsvegur** führt vom Süden Islands durch das unbewohnte Innere, zwischen Hofs- und Vatnajökull hindurch nach Norden. Sein touristischer Reiz liegt in der großen Einsamkeit, der grenzenlos erscheinenden Weite der Sand- und Geröllflächen, dem Erlebnis wilder, unberührter Natur.

Endpunkte könnten Mýri mit Anschluß zum Godafoss oder Thormódsstadir im Eyjafjördur-Tal sein. Über den Sprengisandur führen zwei Wege, von denen der hier beschriebene östlichere der leichter zu befahrende ist. Dennoch kann er für normale Autos problematisch werden, da trotz vieler Brücken immer noch etliche Flüsse zu durchqueren sind, manchmal Sandstürme toben und selbst im Hochsommer ab und zu Schnee fällt.

Tankstellen fehlen am Sprengisandsvegur. Ein gefüllter Reservekanister ist ratsam, da Ihr Auto ja im Hochland viel mehr Benzin verbraucht als auf 'normalen' Straßen. Die Entfernung von Búrfell bis Mýri beträgt übrigens 235 km.

Seit 1972 bestehen im Sommer Busverbindungen von Akureyri über den Sprengisandur nach Reykjavík (vierrad-getriebene Linienbusse).

Die Straße führt zunächst nahe an der **Hekla*** entlang, deren Lavaströme vom letzten Ausbruch im Jahr 1970 deutlich an ihrer dunklen Farbe zu erkennen sind.

Vor der Brücke über die Tungnaá kommt die letzte Tankgelegenheit. Hier wird in einigen Jahren ein neues Kraftwerk entstanden sein, von dem man jetzt noch nicht einmal genau weiß, wofür der erzeugte Strom verwandt werden soll.

Wenige Meter oberhalb der Brücke ist der schöne Wasserfall **Sigöldufoss** zu sehen. Dann verlassen Sie bewohntes Land.

9 km weiter zweigt rechts ein Weg zu den **Veidivötn** ab. An einem dieser Seen, dem Tjaldvatn, hat der isländische Touristenverein eine recht komfortable Hütte errichtet. Von hier aus führt ein anderer Fahrweg nach **Jökulheimar,** einer Schutzhütte am Fuß des Skaftárjökull. Beide Ziele sind nur mit geländegängigen Fahrzeugen zu erreichen, da vor allem Sand anderen Autos Kummer machen dürfte.

Am Thórisvatn, mit 70 qkm Islands zweitgrößter See, vorbei gelangen Sie zur Brücke über die Köláukvisl. Dann steigt die Straße steil an, durchquert den Grjótákvisl und erreicht die **Kjalvötn.** Hier gabelt sich die Straße. Wenn Sie nach rechts weiterfahren würden, kämen Sie bald darauf zur ersten Schutzhütte nahe dem Sprengisandsvegur. Die nächste findet sich dann am Eingang zum Tungnafellsdalur, dicht am **Tungnafellsjökull.** Dieser Gletscher gehört mit seinen 50 qkm Fläche zu den kleinsten auf Island, seine höchste Erhebung mißt 1540 m.

Wenn Sie jetzt weiter am ellipsenförmigen Berg Fjórdungsalda und am See Fjórdungsvatn vorbei fahren, können Sie rechts den **Trölladyngja** (1460 m) sehen, einem postglazialen Schildvulkan. Er spie vor 8000 Jahren einen der größten jemals bei einem einzigen Ausbruch geflossenen Lavaströme aus, den **Frambruni.** Die Ausläufer dieser Lava gelangten bis zum Godafoss.

20 km nach der Touristenhütte Tungnafellsjökull teilt sich die Straße erneut. Wenn Sie die linke wählen, kommen Sie nach Thormódsstadir im Eyjafjördur-Tal (Route 16); die rechte führt nach Mýri. Kurz vor Mýri versperrt oft die Mjóadalsá den Weg für normale Fahrzeuge, die sich dann von Landrovern durchschleppen lassen müßten.

24. Zur Lakagígar

6 km vor Kirkjubaejarklaustur biegt von der südisländischen Hauptstraße (Strecke 1) ein Fahrweg zur Laki-Spalte (Lakagígar) ab. Er ist wegen seiner Holprigkeit und einiger zu durchquerender Flüsse nur für geländegängige Wagen befahrbar. Die Strecke kann gut an einem Tag hin- und zurück bewältigt werden; das nächstgelegene Hotel finden Sie in Kirkjubaejarklaustur.

Die Fahrt beginnt am östlichen Rand des Lavafeldes **Nýja-Eldhraun,** entstanden beim Ausbruch der Lakagígar und durch das Tal der Skaftá hierher geflossen.

Am kleinen Wasserfall **Fagrifoss,** der von der Geirlandsá gebildet wird, teilt sich der Weg für einige Kilometer, beide Strecken sind ungefähr gleich gut. Kurz nachdem sie wieder zusammengetroffen sind, biegt links eine Fahrspur zur Schutzhütte am Blágil ab, die aber wirklich nur für Notfälle geeignet ist.

Dann sind die **Lakagígar** erreicht, eine 25 km lange Reihe von über 100 Kratern. Im Juni 1783 öffnete sich fast ein Viertel von ihnen und spie bis zum Februar des nächsten Jahres die größte Lavamenge aus, die jemals bei einem Vulkanausbruch in historischer Zeit produziert wurde. Sie bedeckt eine Fläche von fast 600 qkm, hat ein Volumen von über 12 ckm. Zusammen mit der gewaltigen Aschemenge, die über große Teile Islands niederregnete, brachte sie eine der größten Katastrophen in der Geschichte des Landes.

Die Kraterreihe verläuft wie die Eldgjá (Strecke 21) von Südwesten nach Nordosten. Vom Krater Laki (818 m) aus, der der Spalte ihren Namen gab, reicht der Blick bis zum Vatnajökull hinüber.

25. Zur Askja

Eine Fahrt zur Askja ist nur in den Sommermonaten möglich. Allgemein kann sie nur für vierrad-getriebene Fahrzeuge empfohlen werden.

Beim Krater **Hrossaborg** (dt. 'Pferdeburg') zweigt die Hochlandstraße zum Askja von der Hauptstraße ab, die den Mývatn* mit Ostisland verbindet. Ein kleiner Weg führt in den Krater hinein.

Die Straße zur Askja verläuft durch Geröll- und Steinwüsten. Zunächst ist sie noch gut befahrbar, dann aber erschweren Sand und teilweise schlecht erkennbare Wegführung das Weiterkommen für normale Fahrzeuge.

Voraus sehen Sie schon seit längerer Zeit den mächtigen **Herdubreid,** König der isländischen Berge. 1682 m hoch, erhebt er sich über 1100 m weit aus der Odádahraun. Auf seinem Haupt trägt er eine schneebedeckte Zipfelmütze, die ihn einmalig unter den Horstvulkanen auszeichnet.

Nach etwas mehr als 35 km ist der erste, allerdings problemlose und nicht sehr breite Fluß zu durchqueren, die **Grafarlandsá.** 11 km weiter liegt links ein kleiner Flugzeuglandeplatz. Rechts vom jetzt schon nahen Herdubreid erhebt sich der Schildvulkan Kollótadyngja (1180 m) mit seinen flach abfallenden Hängen. Zwischen beiden blickt gleich darauf der Dyngjufjöll hervor, zu dessen Krater die Reise führt: zur Askja.

Ein Ausläufer der **Odádahraun** erschwert die Weiterfahrt Sie bildet das größte zusammenhängende Lavafeld der Insel, das fast 4500 qkm bedeckt. Die Straße führt jetzt 3 km lang hindurch. Für diese kurze Strecke braucht selbst ein Spezialbus 20 Minuten, da durch die Fladenlava kein Weg zu planieren ist. Große Bodenfreiheit tut not.

Gleich nach dem Lavafeld wird der zweite Fluß durchquert, die **Lindaá.** Voraus sind die beiden Spitzen der Upp-

---

In diesem Erdloch, **Eyvindakofi** genannt, lebte lange Jahre ein Mensch, ein Gesetzloser, ausgestoßen aus der menschlichen Gemeinschaft. Unerklärlich, wie man hier leben — und überleben kann.

typpinga (1084 m bzw. 922 m) zu sehen, bei gutem Wetter auch schon eine Zunge des Vatnajökull, der Kverkfjöll mit seinen beiden markanten Felsspitzen (1800 und 1812 m hoch). Ist die Sicht sehr gut, steigen vom Gletscher Dampfwolken auf: aus heißen Quellen mitten im Eis.

6 km weiter wird die Lindáa zum zweiten Mal gequert. Weitere Flüsse stehen nicht mehr bevor. Sie sind jetzt an der 1960 errichteten Schutzhütte im **Herdubreidarlindir**, einer kleinen Oase am Rand der riesigen Odádahraun. Bis hierher gelangt man allenfalls noch mit VW-Bus.

Ungefähr 70 m von der Hütte entfernt befindet sich in der Lava ein kleines 'Erdloch', **Eyvindakofi** genannt, in dem einst der zum Vogelfreien erklärte Fjalla Eyvinda gelebt hat. Als Dach war ein Pferdeskelett darüber gelegt, das mit Lavabrocken belegt war. Ein Roman von Jóhann Sigurjónsson, der 1913 unter dem Titel „Berg-Eyvind und sein Weib" in deutscher Übersetzung erschien, schildert sein Leben. Die Odádahraun trägt auch den Beinamen 'Wüste der Missetäter', eben wegen dieser Gesetzlosen, die in der Einöde Zuflucht vor ihren Verfolgern suchten.

Der kaum noch als solcher zu bezeichnende Weg führt kurz darauf erneut durch Lava, 5 km lang und nicht minder beschwerlich als das erste Stück.

Dann geht die Fahrt entlang des rechts der Straße liegenden langgestreckten Bergrückens **Herdubreidartögl** (1070 m). Die Strecke ist teilweise stark versandet, so daß man höchstens noch mit Fahrzeugen von der Größe eines VW-Busses an durchkommt — sofern einige starke Männer (zum Schieben) mitfahren. Für vierradgetriebene Wagen entstehen allerdings keine Probleme.

Der Weg ist außerdem teilweise nicht mehr markiert, so daß man nur noch den Spuren folgen und sich dementsprechend leicht verfahren kann. Aber zurück zur Landschaft: 19 km nach Herdubreidarlindir sehen Sie jetzt zwischen Dyngjufjöll und Vikrafell dunkle Lavaströme, die sich deutlich aus der Umgebung abheben. Sie stammen vom letzten Ausbruch des Askja im Jahr 1961.

Dann ist die Schutzhütte zu Füßen des **Dyngjufjöll** erreicht. Die Straße steigt nun durch die neue, noch völlig kahle Lava zum Askja-Krater hinauf. Nach 9 km ist der Kraterrand erreicht, das Erlebnis **Askja** * kann beginnen.

D
ORTS- UND LANDSCHAFTSBESCHREIBUNGEN

Des Touristen Island von A — W

Akureyri

Akureyri ist mit etwa 11 000 Einwohnern (1974: 11 689) nicht nur die drittgrößte Stadt Islands und die größte außerhalb der Städtefamilie um Reykavík, sondern für mich auch der sympathischste Ort auf der ganzen Insel.

Am linken Ufer des 60 km langen Fjords gelegen, erstreckt es sich teils über sanft ansteigende Hänge, teils über die in den **Eyjafjördur** hineinragende Landzunge **Oddeyri**, die das letzte Stück des Fjords soweit abschließt, daß dieses von den Bewohnern Akureyris liebevoll **Pollurinn,** der Teich, genannt werden kann. Akureyri ist eine Stadt mit eigenem Charakter: nicht so sehr Großstadt wie Reykjavík und nicht so verschlafen wie viele andere Ortschaften im Land.

Das **Wetter** ist während des Sommers im allgemeinen besser als an der Südküste. Durch seine Lage am Ende des langen und schmalen Fjords wird das Klima weniger vom Meer beeinflußt, so daß die Niederschläge geringer und die Temperaturen höher sind als in weiten Teilen des übrigen Landes. So wachsen hier auch die Bäume höher als beispielsweise im Südland.

Geschichte

Der Name der Stadt wurde im 15. Jahrhundert erstmals urkundlich erwähnt. Doch wäre Akureyri nicht isländisch, wenn man keinen Wikinger aus Sagazeiten für die eigene Stadtgeschichte beanspruchen könnte: hier ist es **Helgi magri**, Helgi der Magere, der aus Irland kam und einige Kilometer weiter landeinwärts seine neue Heimat betrat. Selbstverständlich wurde für ihn ein Denkmal errichtet.

Von 1602 bis ins 19. Jahrhundert hinein unterhielten die **Dänen** hier einen kleinen offiziellen Handelsplatz, an dem aber beispielsweise im Jahr 1800 nur vierzig Menschen lebten.

Im **19. Jahrhundert** setzte der erste ökonomische Aufschwung ein, und als der Siedlung 1862 die **Stadtrechte** verliehen wurden, hatte sie immerhin schon 268 Einwohner. 1870 begannen dann die Farmer der Umgebung den Dänen, die bis dahin allein den ganzen Handel kontrolliert hatten, Konkurrenz zu machen. Mit der Gründung einer **Genossenschaft** im Jahr 1886, der heute noch bestehenden KEA, schufen sie die Grundlage des wirtschaftlichen Aufstiegs der Stadt. Als 1896 die erste Textilfabrik ihre Arbeit aufnahm, lebten in Akureyri schon fast 1000 Menschen. 1940 waren es dann 5 969.

Das tägliche Brot

Heute ist Akureyri eine blühende Industrie- und Handelsstadt, die nicht zu Unrecht den Beinamen **Hauptstadt des Nordens** trägt. Es ist hier geglückt, die Wirtschaft auf eine breitere Basis zu stellen als anderswo, so daß eine schlechte Fischsaison nicht gleich alle Betriebe schädigt. Neben Getränke-, Schokoladen- und Schuhfabriken gibt es noch Werft- und Textilindustrie, die zusammen die Zukunft Akureyris sichern, auch wenn der Fisch einmal fernbleibt.

Das **Hinterland** der Stadt ist weit, relativ fruchtbar und dementsprechend dicht besiedelt. So ist Akureyri zugleich wichtigster Umschlagplatz und Hauptabnehmer für landwirtschaftliche Produkte in Nordisland. Das wiederum schafft weitere Arbeitsplätze, beispielsweise im Hafen oder in Molkereien.

Sehenswürdigkeiten

Für den Touristen bietet Akureyri mannigfache Möglichkeiten. Das örtliche Reisebüro verspricht, jedem Reisenden jederzeit ein Bett vermitteln zu können, sei es in Hotels oder Privatunterkünften. Die Anreise ist denkbar einfach, denn täglich verkehren Busse und Flugzeuge von und nach Reykjavík.

Akureyri, die „Hauptstadt des Nordens", wirbt eifrig um Besucher — zu Recht, denn man hat viel zu bieten.

Vielleicht wollen Sie mit einer Besichtigung der Sehenswürdigkeiten in der Stadt selbst beginnen. Da wäre zuerst die **Matthías-Jochumsson-Kirche** zu nennen: sie liegt direkt im Zentrum. Eine Treppe mit über hundert Stufen führt hinauf zur Eingangspforte, von der aus man einen schönen Blick über Akureyri hat.

Die Kirche wurde 1939—1940 in sechzehnmonatiger Bauzeit nach den Plänen des Architekten **Gudjón Samúelsson** errichtet, der auch die Entwürfe für das Universitätsgebäude in Reykjavík geliefert hat. Kurz vor dem Eintritt Großbritanniens in den zweiten Weltkrieg wurde das Gotteshaus feriggestellt. Es zählt auch heute noch zu den größten im Land.

Im Kircheninnern sind drei Teile von besonderem Interesse. Besonders schön sind die bemalten **Glasfenster**. Das mittlere der fünf im Chorraum stammt aus der Kathedrale von Coventry und ist wahrscheinlich das einzige Coventry-Fenster, das nicht im Krieg zerstört wurde. Britische Soldaten brachten es nach Kriegsausbruch sicherheitshalber nach Reykjavík, wo es von der Gemeinde für die neue Kirche erstanden wurde. Die übrigen vier Fenster im Chor und die bemalten im Kirchenschiff sind alle in Exeter in England hergestellt und aus Spendengeldern der Kirchgänger bezahlt worden.

Die **Kanzel** und das große **Kreuz** sind mit Doppelspat, dem Blattgold hinterlegt wurde, geschmückt; eine außergewöhnliche Dekoration!

Die sieben **Reliefdarstellungen** an der Brüstung der Orgelempore stammen von **Asgrímur Sveinsson**. Sie stellen Szenen aus dem Leben Christi dar, beginnend mit Jesu Geburt und endend mit der Marien-Klage. In Anlehnung an die biblische Schöpfungsgeschichte schuf der Künstler je ein Relief an einem einzigen Tag, alle zusammen also in sieben Tagen. Wieviele Ruhetage er einlegte, ist leider unbekannt.

Von der Treppe hinauf zur Kirche biegt links ein kleiner Weg ab zum **Matthías-Jochumsson-Museum** („Matthíasarhúsid"), das seit Beginn des letzten Jahrzehnts dem Gedenken des großen Dichters und Übersetzers gewidmet ist. Matthías Jochumsson, der von 1835 bis 1920 lebte, übertrug nicht nur Werke von Ibsen, Lord Byron und Shakespeare ins Isländische, sondern verfaßte daneben noch eine Vielzahl eigener Dramen und Gedichte, die ihm in seinem Land großen Ruhm einbrachten. Den Text der isländischen **Nationalhyme** 'Lofsöngur' („O, Gud vors Land O, Gott unseres Landes") schrieb er 1874.

In Akureyri wohnte Matthías Jochumsson für mehr als dreißig Jahre. 1903 bezog er das Haus, das heute als Museum dient. Er gab ihm den Namen „Sigurhaedir = Siegeshügel".

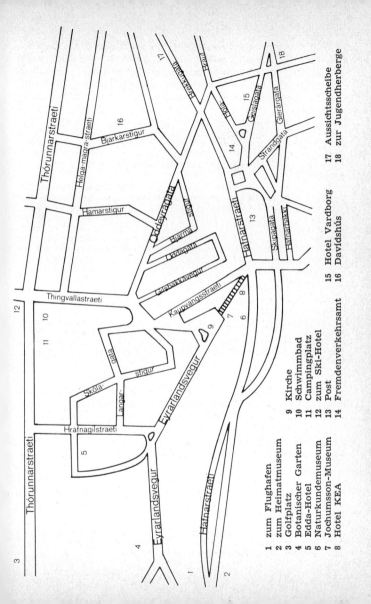

Selbst wenn Sie für Akureyri nur wenig Zeit haben, sollten Sie sich noch den **Botanischen Garten** („Lystigardur") ansehen. Er ist, wie eigentlich jeder Teil der Stadt, vom Zentrum aus gut zu Fuß zu erreichen. Der Park ist den ganzen Tag über geöffnet; Eintritt kostenlos.

Im Botanischen Garten sind alle Blumen und Gewächse vertreten, die man auf Island wild vorkommend finden kann. Zwischen Bäumen, die man auch bei uns als solche bezeichnen würde, stehen Bänke und sprudeln Springbrunnen. Mehrere Denkmäler erinnern an Mitglieder des städtischen Frauenvereins, die maßgeblich zur Schaffung des Parks im Jahr 1912 beitrugen.

Wenn Sie in Ihrer Jugend für **Nonni**-Bücher geschwärmt haben, könnten Sie sich in Akureyri noch das Haus ansehen, in dem der Autor dieser weltberühmten und in viele Sprachen übersetzten Kinderbücher, **Jón Sveinsson** (1857—1944), aufgewachsen ist. Es ist heute zum Gedenk-Museum ausgebaut.

Darüber hinaus gibt es drei weitere Museen in der Stadt, die für Besucher mit speziellem Interesse noch kurz erwähnt werden sollen: das **Naturkundemuseum** (Náttúrugripasafnid), das **Heimatmuseum** (Minjasafnid) und das **Davídshús**, das zum Gedenken an den Dichter **Davíd Stéfansson** (1895—1964) errichtet wurde.

Vom **Denkmal Helgi des Mageren** und seiner Frau hat man einen guten Blick auf die Stadt und die Berge der Umgebung. Hier steht auch eine Aussichtsscheibe.

Als Letztes sind noch einige stehengebliebene **Häuser aus dem vorigen Jahrhundert** zu nennen, die im ältesten Stadtteil südlich des heutigen Zentrums zu sehen sind. Sie liegen alle an der Hauptstraße, die zum Flughafen und zum Mývatn führt. Es sind die Häuser
— Hafnarstraeti 11 (von 1795)
— Adalstraeti 11 (von 1836)
— Adalstraeti 50 (von 1849).

Was es sonst noch gibt

Besichtigungsmöglichkeiten sind nicht das einzige, was Akureyri zu bieten hat. Im **Schwimmbad** könnten Sie sich sportlich betätigen; selbstverständlich ist auch hier das Wasser beheizt. Leider stehen den Bürgern der Stadt dafür aber

Was es sonst noch gibt

Besichtigungsmöglichkeiten sind nicht das einzige, was Akureyri zu bieten hat. Im **Schwimmbad** könnten Sie sich sportlich betätigen; selbstverständlich ist auch hier das Wasser beheizt. Leider stehen den Bürgern der Stadt dafür aber keine heißen Quellen zur Verfügung, so daß man, wie bei Wohn- und Geschäftshäusern auch, auf Kohle und Öl zurückgreifen muß.

Die **Hotels** der Stadt sind alle gut, wobei das der Genossenschaft KEA besondere Erwähnung verdient. Schmackhaft und außergewöhnlich preiswert könnte man in den Cafeterias der Hotels KEA und „Akureyri" **essen.** Hungrige können sich kostenlos Nachschlag holen. In der letzteren stehen regelmäßig isländische Spezialitäten auf der Speisekarte. Vornehmer, teurer und lizensiert ist das Restaurant 'Sjálfstaedishúsid', in dem auch ab und zu Tanzabende angeboten werden.

Weiterhin gibt es eine Jugendherberge, einen bewachten und gut eingerichteten Campingplatz, ein Edda-Hotel und zwei Kinos.

Die **Haupteinkaufsstraße** ist die Hafnarstraeti. Hier können Sie weitaus preisgünstiger als in Reykjavík Souvenirs erstehen.

Im Winter ist Akureyri Zentrum der **Skiläufer.** Oft werden hier die nationalen Meisterschaften in dieser Sportart ausgetragen. Gleich außerhalb der Stadt gibt es ein Skihotel und mehrere Skilifts, auch Skikurse werden veranstaltet. Warum nicht einmal einen Winterurlaub in Island — und dort in Akureyri verbringen?

Im Sommer kann man **Golf** spielen oder zum **Angeln** auf den Fjord hinausfahren.

Das **Ferdakrifstofa Akureyri** (Städtisches Verkehrsbüro) am Radhústorg gibt Ihnen gern Auskünfte jeder Art. Es nimmt Buchungen entgegen und organisiert für Sie auf Wunsch auch längere Aufenthalte in Akureyri mit Ausflügen ganz nach Ihren individuellen Vorstellungen.

Askja

Am Eingang zum gewaltigen Askja-Krater erheben sich die jüngsten Zeugen seiner ungebrochenen vulkanischen Aktivität: mehrere kleine Kraterkegel, aus denen beim zunächst letzten **Ausbruch** im Jahr **1961** die Lava floß. Wenn Sie einen davon erklimmen, drängt sich vielleicht auch Ihnen der Eindruck auf, hier müßte ein Einstieg ins Erdinnere bestehen, so weit kann man in den Schlund hinuntersehen.

Irgendwann, je nach Wetterlage, muß dann der Wagen stehengelassen werden. Zu Fuß geht es nun über kleine, teils alte, verharschte, teils ganz frische Schneefelder zum großen Kratersee, dem **Öskjuvatn.** Er ist erst 1875 entstanden, hat sich dann jahrelang immer mehr vergrößert, bis er seine heutige Ausdehnung (ca. 11 qkm) erreichte. Ein wahrhaft majestätischer Anblick! Hinter dem See mit seinem kristallklaren Wasser erhebt sich bis zu 450 m hoch die steile Wand der Dyngjufjöll, an der silbergraue Eis- und Schneestreifen herunterlaufen. Tiefschwarz hebt sich davor der Felsklotz einer kleinen Insel ab — hier wird die Betrachtung zum Erlebnis!

Nicht weit vom Öskjuvatn liegt der kleine Krater **Víti,** dessen Ausbruch im Jahr 1875 den See schuf. Auf dem Grund des Víti ein anderer, ganz kleiner See, mit milchig-grünem Wasser, in dem es stetig brubbelt und sprudelt, am Rand Schwefelquellen, Möglichkeit zu einem Bad im Víti, wenn Sie seine steilen Wände an der einen Stelle, wo es möglich ist, hinab gelangen können. Die Temperatur ist angenehm warm, 40°, aber das ganze mag nicht recht geheuer sein, kann man doch keine Zentimeter weit ins Wasser hineinschauen.

Der ganze Askja-Krater liegt in einem großen Gebirgsmassiv, den **Dyngjufjöll,** deren höchste Spitze 1510 m erreicht. Das ganze wird wohl in früheren Zeiten ein riesiger Kegelvulkan gewesen sein, dessen Spitze vielleicht weggesprengt wurde.

Irgendwann einmal müssen Sie sich wieder aus dieser Umgebung lösen — mag sein es ist Ihnen das Weggehen noch nie so schwer gefallen. Auch zurück geht es wieder an den Kratern vorbei, die sich am 26. Oktober **1961** öffneten und bis Anfang Dezember des gleichen Jahres Feuer spien. Schaden wurde damals nicht verursacht, wie sollte es auch in dieser weit und breit menschenleeren Gegend? Von der gewaltigen Einöde, die die Dyngjufjöll umgibt, genießen Sie den besten Anblick, wenn Sie einen der niedrigeren Hänge am Rand der Askja besteigen.

Egilstadir
finden Sie unter dem Stichwort 'Lögurinn'

Geysir
(geöffnet 8 — 22 Uhr)

Der Große Geysir (isl. 'Stóri-Geysir') ist die bekannteste einer ganzen Reihe von heißen Quellen auf dem Feld von **Haukadalur**. Nach ihm wurden alle Springquellen auf der Erde benannt: Geysir oder Geiser. Für Isländer aber gibt es nur einen Geysir, eben diesen, Springquellen allgemein werden als **'goshver'** bezeichnet.

Der **Stóri-Geysir** hat eine lange und wechselvolle Geschichte hinter sich. Sein Becken, dessen Rand von wundervollen Sinterterrassen (Kieselsäure-Ablagerungen) dekoriert wird, ist wohl schon zehntausend Jahre alt. Zum erstenmal tätig wurde er aber wahrscheinlich erst im Jahr 1294 n. Chr. Zeitweise kam jede halbe Stunde eine bis zu 60 m hohe Wassersäule empor, dann vergingen 30 Stunden oder mehrere Wochen zwischen einzelnen Ausbrüchen. Von 1916—1935 war er ganz tot, ehe ihn ein Erdbeben wiedererweckte. Zur Zeit schweigt er erneut.

Im vorigen Jahrhundert hat der deutsche Forscher **Robert Bunsen** wertvolle Studien am Großen Geysir betrieben. Neben einer Erklärung über die Vorgänge bei einem Ausbruch (die im Kapitel über die Geographie Islands beschrieben ist) lieferte er auch genaue Daten über diese Springquelle: er stellte z. B. fest, daß der Schlot dieses Geisers 22 m tief ist und daß die Wassertemperatur dort unten 127° beträgt.

Trotz der gegenwärtigen Ruhepause des Stóri-Geysirs braucht nun aber kein Tourist auf das Erlebnis eines solchen Ausbruchs zu verzichten. Wenige Meter entfernt liegt der **Strokkur** (zu deutsch: Butterfaß), der zwar nicht ganz so gewaltig ist wie sein großer Bruder in seinen besten Zeiten, dafür aber umso zuverlässiger. Er schleudert etwa alle fünf

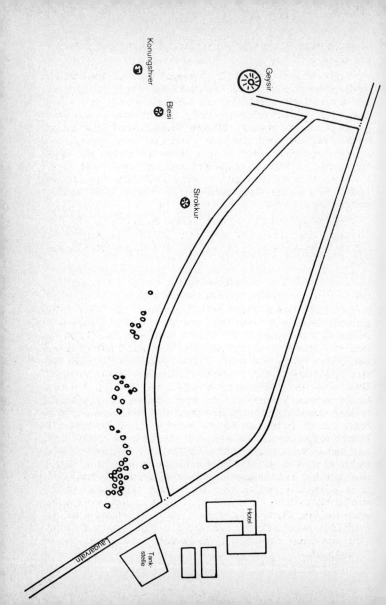

Minuten eine Säule aus Wasser und Dampf bis zu 30 m in die Höhe.

Einige andere Geiser, wie **Konungshver** und **Otherrishola**, sind zwar ruhig geworden, können aber durch Schmierseife und Steine zum Leben erweckt werden. Allerdings ist dazu nur der Aufsichtsbeamte berechtigt, der ab und an Touristen diesen Gefallen erweist. Warum dieses Spiel funktioniert, weiß er allerdings ebensowenig wie die gesamte Wissenschaft.

Am Geysirfeld wird in den Sommermonaten ein **Hotel** mit beheiztem Freibad betrieben; gleich nebenan kann gezeltet werden. Außerdem gibt es eine Tankstelle mit kleinem Laden und einige Gewächshäuser, in denen Obst gekauft werden kann.

Zum Geysir werden täglich geführte **Touren** ab Reykjavík angeboten. Außerdem verkehren im Juli und August fast täglich **Linienbusse** zwischen der Hauptstadt und dem Haukadalur.

Glaumbaer
(geöffnet 10 — 12 + 13 — 19 Uhr)

Die Dächer der Farm von Glaumbaer sind mit saftig grünem Gras bewachsen. Man möchte auf ihnen spazierengehen oder sich dort in die manchmal scheinende Sonne legen. Die Häuser sind niedrig, die einzelnen Torfballen, aus denen ihre Wände bestehen, bilden schöne, regelmäßige Muster. Das ganze Gehöft ist heute als Museum eingerichtet und Gäste aus aller Welt kommen täglich hierher, um das wohl best-erhaltene Torfgebäude zu sehen, das es auf Island gibt.

Das Leben der Bauern hier war alles andere als romantisch. Außer in der erst spät errichteten Wohnstube gibt blanke Erde überall den Fußboden ab, die Fenster sind klein und lassen nur wenig Licht herein; Torf ist nicht wasserdicht, es riecht modrig in den Zimmern. Erst wenn man Glaumbaer gesehen hat, kann man ermessen, welchen Komfort die jetzt allerorten entstandenen modernen Bungalows bieten, welche Entwicklung Island in den letzten Jahrzehnten durchgemacht hat. Noch zu Anfang unseres Jahrhunderts lebte eigentlich jeder Isländer außerhalb Reykjavíks in Torfhäusern, die meist nicht einmal so geräumig waren wie das in Glaumbaer.

Die Bauern von Glaumbaer gehörten nicht zu den ärmsten des Landes: sie konnten sich 16 Räume leisten, von denen die am häufigsten gebrauchten durch einen mit 21 Metern ungewöhnlich langen Flur verbunden sind. Nur **Schmiede** (11) und Abstellräume (12) müssen vom Freien aus betreten werden.

Die einzelnen Teile der Farm sind nach und nach entstanden. Da sich aus Torf nicht leicht lange Wände bauen lassen, bekam jeder Raum ein eigenes Haus. In guten Zeiten wurde angebaut.

Am ältesten ist die **Küche** (3), die aus der Mitte des 18. Jahrhunderts stammt und in der noch um die letzte Jahrhundertwende herum gekocht wurde.

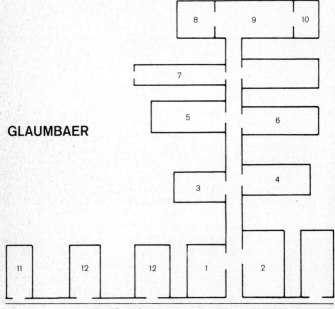

So wie **Glaumbaer** waren die Häuser der Isländer noch überall bis zum Anfang unseres Jahrhunderts gebaut. Wenn Sie Island und seine Menschen verstehen möchten, dann schauen Sie sich Glaumbaer an!

Wenn Sie das Gehöft betreten, sehen Sie links und rechts zuerst je einen **Gästeraum** (1, 2). Der, in dem jetzt der Museumswächter streng darauf achtet, daß sich auch jeder in das ausliegende Besucherbuch einträgt, wurde 1878 errichtet, der andere 1841.

Am Ende des langen Ganges liegen die eigentlichen **Wohnräume** (8-10). In der südlichen Kammer schliefen der Bauer und seine Frau, in den beiden anderen sämtliche Farmarbeiter. Im großen mittleren Raum saß man abends bei der Handarbeit zusammen, sang oder hörte sich Rezitationen bekannter Dichtungen an.

Zwischen den Wohnräumen und den Gästezimmern liegen die Arbeitsräume. In der **Küche** (4) sind noch heute die Kessel zu sehen, im 'Haus' gegenüber (3) wurden Butter und Skýr gewonnen. In den **Vorratskammern** (5, 6) wurden Fleisch, Molkereiprodukte und anderes in den hier ausgestellten Gefäßen aufbewahrt.

Durch den **Nebeneingang** an der Südseite des Gebäudekomplexes wurde Wasser herein und Abfall hinaus gebracht; zugleich war er als dicht bei den Wohnstuben gelegener Notausgang gedacht.

Hekla

Die Hekla thront weithin sichtbar über dem mittleren Süden Islands. Im Mittelalter war sie einer der berühmtesten und berüchtigsten Berge der christlichen Welt, galt sie doch als **Eingangstor zur Hölle.** Wehklagen und Angstgeschrei der zum Fegefeuer Verdammten soll weithin hörbar gewesen sein. Heute hat sie diesen Ruf verloren; ihre vulkanische Aktivität macht sie aber noch immer interessant.

Der erste bekannte Ausbruch des Berges, der von Südwesten her eigentlich mehr wie ein Kegelvulkan erscheint, jedoch zum Typ des **Spaltenvulkanismus** gerechnet werden muß, datiert vom Jahr 1104 her. Damals vernichtete er viele Gehöfte, darunter auch Stöng * und andere im Thjórsárdalur (siehe Strecke 6).

Insgesamt hat es die Hekla auf über 100 Eruptionen gebracht, davon allein 18 in historischer Zeit.

Wäre es keine Kirche, müßte man das Gotteshaus von **Húsavík** zum lustigsten Gebäude der Insel erklären. Farben und Formen sind einmalig.

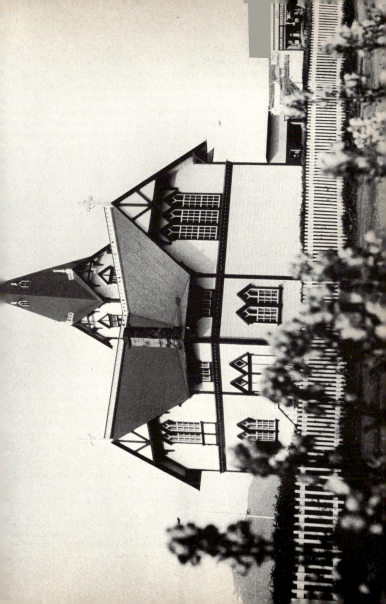

In unserem Jahrhundert wurde sie schon dreimal aktiv. Zuerst am 29. März 1947 nach einer 102-jährigen Ruhepause. Damals flossen über 401 km Lava. Dann wieder am 5. Mai 1970 als plötzlich ohne jedes Vorzeichen gewaltige Aschenmengen über Island niederfielen. Gerade diese **Asche** macht die Gefährlichkeit der Hekla aus, da sie giftiges Fluor enthält, das beim Menschen Krankheiten verursacht, beim Tier zum Tod führen kann, Heuernten vernichtet und große Flächen fruchtbaren Landes unbrauchbar macht. 1970 floß 2 Monate lang aus 4 Kratern 18 qkm Lava, bestaunt von vielen Touristen, die bis auf wenige Meter an das glühende Magma heranfahren konnten. 1980 floß die Lava aus einem neugebildeten 6 km langem Spalt.

Eine **Besteigung** der bis zu 1491 m hohen Hekla lohnt sich. Falls man keinen Führer hat, wäre es auf jeden Fall gut, sich bei einem der Bauern in der Umgebung nach dem günstigsten Aufstiegsweg, dem Wetter usw. zu erkundigen. Jugendherbergsverband und Ferdafélag führen ab und zu auch **Touren** auf die Hekla durch. Von oben besticht vor allem der weite Ausblick bis hinüber zum Langjökull, Hofsjökull und Vatnajökull.

Hólar

Hólar im Hjaltadal war für fast sieben Jahrhunderte (1106—1798) der zweite Bischofssitz Islands. Wie in Skálholt wurde schon bald eine Lateinschule gegründet, die bis 1802 in Hólar blieb.

Insgesamt sah das Bistum 23 katholische und 13 lutheranische Bischöfe. Der bekannteste von ihnen, **Jón Arason,** ließ hier 1530 die erste Druckerpresse der Insel aufstellen und einer seiner Nachfolger, Gudbrandur Thorláksson, nutzte sie dann, um die erste Bibel in isländischer Sprache drucken zu lassen. Sie ist heute im Nationalmuseum von Reykjavík zu sehen.

Die **Kirche** von Hólar wurde 1765 errichtet, der Turm im Jahr 1950 angebaut — zur Erinnerung an den 400. Jahrestag der Hinrichtung Jón Arasons in Skálholt.

Von der landschaftlichen Lage her gesehen ist Hólar wohl zweifellos der schönere Bischofssitz gewesen. Er ist von vielen Bergen umgeben, deren höchster, der **Holabyrda,** 1244 m erreicht.

Seit 1882 gibt es in Hólar eine Landwirtschaftsschule, die jetzt in den Sommermonaten als **Hotel** zur Verfügung steht.

Húsavík

Kaum eine isländische Stadt ist schöner gelegen als Húsavík. Unter dem rötlich schimmernden Húsavíkurfjall breiten sich die bunten Häuser entlang des Ufers der hier 15 Kilometer breiten Bucht Skjálfandi aus. Auf deren gegenüberliegender Seite sieht man bei gutem Wetter die schneebedeckten Berge vom Kinnarfjöll bis hinauf zum Hágöng. Ein sommerlicher Sonnenuntergang in Húsavík ist ein Erlebnis!

Die 2000 Einwohner leben hauptsächlich vom Fischfang. Über achtzig Boote liegen bereit, um die Tiefgefrierfabrik im Ort mit Arbeit zu versorgen. In diesem Werk finden über 100 Menschen Beschäftigung. Húsavík ist so der typische Küstenort Islands, der fast ganz von den Erträgen des Meeres abhängt. Neuerdings wird der Hafen auch von Frachtern angelaufen, die hier das am Mývatn gewonnene Kieselgur laden — was allerdings für die Wirtschaft des Ortes nicht viel bedeutet.

Wenn die Fangaussichten nicht sehr gut stehen, bleiben viele Fischerboote im Hafen. Dann können Sie, wenn Sie Lust haben, ein solches **Boot mieten** (mit Führer), um sich vielleicht zur Insel Grímsey oder auch nur ein Stück an der Küste entlang fahren zu lassen.

Oder ziehen Sie es vor, selbst die Angel auszuwerfen? Wenige Kilometer außerhalb der Stadt gibt es einen kleinen See, den **Botnsvatn,** in dem Sie kostenlos Forellen fangen dürfen. Allerdings sollte man nicht mehr fischen, als man essen kann, denn sonst wäre der See bald leergefischt und die Bürger Húsavíks wären um ein Sonntagsvergnügen ärmer.

Zum Botnsvatn führt ein für alle Fahrzeuge nutzbarer Weg, der am Hang des **Húsavíkurfjall** entlangführt. Von der Spitze des Berges (417 m hoch) haben Sie einen herrlichen Rundblick.

Unterkunft können Sie in einem neu errichteten Hotel finden, das ganzjährig geöffnet ist; ein kleines **Freibad** steht zu ihrer Erfrischung bereit. Hotel und **Freibad** sind wie der ganze Ort an eine **Heißwasser-Heizung** angeschlossen, die seit der Verlegung von Pipelines zu den heißen Quellen im 20 km entfernten Hveravellir im Jahr 1970 in Betrieb ist.

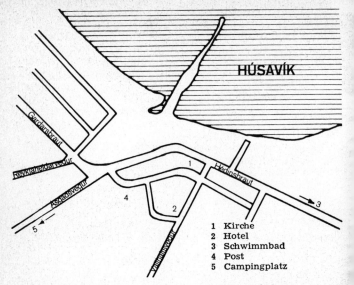

1 Kirche
2 Hotel
3 Schwimmbad
4 Post
5 Campingplatz

Im Ort selbst ist als Sehenswürdigkeit eigentlich nur die **Kirche** zu nennen, die aber so hübsch ist, daß sich allein um ihretwillen ein Abstecher nach Húsavík lohnt. Ihre phantasievolle Form und geschmackvolle Farbgebung ist wirklich überraschend. Islands erster Architekt, Rögnvaldur Olafsson, hat sie entworfen und die Bürger der Stadt haben sie 1906—1907 erbaut. Als Material verwandten sie vor allem Holz.

Der Turm der Kirche ist 25 Meter hoch, im Innenraum ist Platz für vierhundert Menschen. Das hört sich heute nicht sehr beeindruckend an; wenn man sich aber vorstellt, daß Húsavík 1907 nur etwa 300 Einwohner hatte, die alle in niedrigen Torfhäusern wohnten, bekommt man einen Eindruck, wie die neue Kirche damals auf die Menschen gewirkt hatte.

Wie bei fast allen isländischen Gotteshäusern sind die Türen verschlossen. Wenn Sie die Kirche auch von innen an-

---

Tomaten, Bananen und Blumen wachsen dicht am Polarkreis, wie hier in den Gewächshäusern von **Hveragerdi**. Heiße Quellen sind die nach der Wasserkraft zweitwichtigste Energiequelle Islands.

schauen wollen, könnten Sie sich in der Buchhandlung nebenan den Schlüssel geben lassen. Innen sehen Sie dann ein Altargemälde, das ein einheimischer Laienmaler 1939 geschaffen hat. Vielleicht erkennen Sie auf der dargestellten Bibelszene einige Landschaften Islands wieder: Ásbyrgi beispielsweise oder den Canyon der Jökulsá á Fjöllum?

Älter als die Kirche ist die **Geschichte der Stadt.** Als die Bürger Húsavíks 1970 das 1100-jährige Jubiläum der Besiedlung Islands feierten, waren sie ihren übrigen Landsleuten um vier Jahre voraus. Das Fest sollte offiziell erst 1974 begangen werden. Zwar war wohl auch die Liebe der Húsavíkingur mitschuldig an der verfrühten Veranstaltung, doch gab es auch einen echten Anlaß: Schon im Jahr 870, also vier Jahre vor Ingólfur Arnarson, war in Húsavík der erste nordische Seefahrer, **Gardar Svavarsson** aus Schweden, an Land gegangen. Er baute sich ein Haus und nannte den Platz „Hausbucht = Húsavík". Da er Island aber bald wieder verließ, wird er offiziell nicht als erster Siedler geführt. So also kann in Húsavík zweimal in jedem Jahrhundert die Landnahme gefeiert werden.

Ein anderer Ruhm kann den 'Hauswikingern' nicht streitig gemacht werden — in ihrer Stadt wurde 1882 die **erste Genossenschaft** Islands gegründet, der „Kaupfélag Thingeyinga", in dessen Geschäften auch heute noch gut Einkaufen ist.

Ebensowenig ist zu bestreiten, daß Húsavík die **erste Skischule** des Landes beherbergte. Ein gebürtiger Finne gründete sie 1780 und unterrichtete hier die ersten Isländer in der für die Insel neuen Fortbewegungsart. Zwar besteht diese Schule heute nicht mehr, doch ist der Wintersport noch immer beliebt; in den letzten Jahren sind bei Húsavík zwei Skilifts gebaut worden.

Hveragerdi

Der Name eines Gewächshauses in Hveragerdi steht symbolisch für die ganze Stadt: **„Garten Eden".** Inmitten der rauhen, nicht sehr gebefreudigen Natur gedeihen hier Bananen und Orangen, Tomaten und Weintrauben, gewöhnliche Zimmerpflanzen und Orchideen. Möglich wird all das durch die zahlreichen heißen **Quellen,** die in diesem Gebiet schier überall aus dem Boden springen. Noch immer brechen neue auf, wie im Jahr 1954 zum Beispiel, als eine Familie nachts wegen eines ihnen gut bekannten Geräusches im Schlafzimmer erwachte und feststellen mußte, daß neben ihrem Bett heißes Wasser emporsprang.

Die 850 **Einwohner** des Dorfes leben fast ausschließlich vom Obst- und Gemüseanbau. Island kann sich weitgehend selbst damit versorgen — einmalig für einen Staat im Norden.

Wenn Sie sich vielleicht manchmal während kühler Tage in ein südlicheres Klima gewünscht haben — hier können Sie es genießen. Im Gewächshaus „Garten Eden" ist sogar ein **Café** im südlichen Stil eingerichtet, wo Sie bei 25° Wärme zwischen bunten Blumen sitzen können.

Das **Schwimmbad** des Ortes wird selbstverständlich ebenso durch die heißen Quellen beheizt wie die Wohnhäuser, das **Hotel** „Hveragerdi", die staatliche Gartenbauschule und das **Sanatorium,** in dem auch ausländische Gäste zu Moor- und Schwefelbädern willkommen geheißen werden (darüber gibt Ihnen jedes Reisebüro in Reykjavík gerne Auskünfte).

Am Ortsrand können Sie einen **Geysir** namens Grýla sehen, in anderen Quellen könnten Sie vielleicht einmal versuchen, Eier zu kochen — es geht!

Isafjördur

Isafjördur könnte einen wesentlichen Baustein zu Ihrem Island-Bild hinzusetzen. Es ist kein Aufenthaltsort für viele Tage, etwas langweilig vielleicht, aber — anders als alles sonst im Land. Das macht vor allem die einzigartige **Lage** der 3000 Einwohner zählenden Stadt. Der **Skutulsfjördur,** an dessen Ufern Isafjördur zu finden ist, ist ein kleiner Nebenfjord des **Isafjardardjúp,** kurz und eng. Die bis zu 724 m hohen Berge steigen nach einem schmalen Küstenstreifen fast senkrecht auf. Basalt hat sie aufgebaut, senkrechte Furchen zerschneiden sie, aber überwiegend fällt doch die deutliche Maserung auf, die sich fast waagrecht durch das Gestein zieht: zwischen den harten Basaltschichten sind weichere eingelagert.

In diese herrliche Umgebung drängt sich nun das kleine Örtchen. Größtenteils liegt es auf einer gekrümmten, völlig flachen **Landzunge,** die den Fjord fast völlig abschließt. An

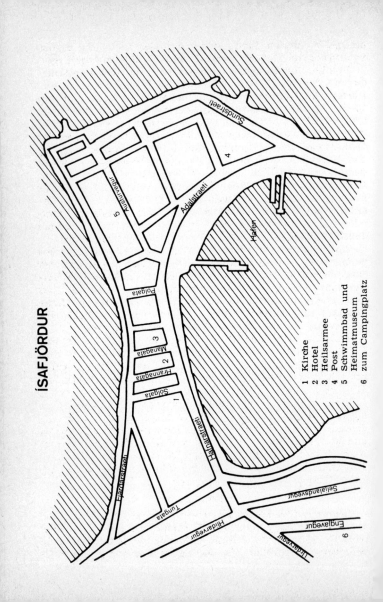

der geschütztesten Stelle findet sich der natürliche **Hafen,** in dem neben Fischerbooten oft auch Küstenfrachter liegen.

Von hier aus können Sie mehrmals wöchentlich **Bootsfahrten** mit der MS „FAGRANES" zu den Inseln, Gehöften und Dörfern des Isafjardardjúp unternehmen. Die Touren dauern 10—11 Stunden, sind recht preiswert und lassen Sie diesen Teil Islands noch ein wenig besser erleben.

Zwar gibt es in Isafjördur ein **Hotel,** ein Gästehaus der Heilsarmee, einen Campingplatz und ein Schlafsacklager, doch ansonsten hat man neben einem **Hallenschwimmbad** dem Touristen nichts zu bieten. Isafjördurs Vorzug ist der Reiz der Landschaft. Wenn Sie nun unbedingt etwas Kultur schnuppern müssen, könnten Sie höchstens ins Heimatmuseum gehen (in der Schwimmhalle; nur abends geöffnet) oder sich die wenigen verbliebenen Häuser aus dem vorigen Jahrhundert ansehen, die noch auf der Landzunge stehen.

Auch aus der Geschichte ist nicht allzuviel Wissenswertes zu berichten. Der Ort gehörte zu den ersten Siedlungen der Insel, denen Stadtrechte gewährt wurden (1786). In den letzten Jahrzehnten nimmt die Einwohnerzahl leicht ab, aber noch immer ist Isafjördur ein wichtiges Zentrum des Handels und der Fischerei. Außerdem gibt es mehrere Fachschulen und sogar eine eigene Zeitung erscheint am Ort.

Falls Sie nicht nur für einen Tag per Flugzeug nach Isafjördur kommen, sondern mit eigenem oder gemietetem Wagen unterwegs sind, sollten Sie noch den kleinen Ausflug **nach Sudavík** unternehmen. Freilich können Sie sich auch ein Taxi mieten oder mit dem Linienbus fahren.

Sudavík liegt am südlichen Nachbarfjord des Skutulsfjördur, am Álftafjördur. Es ist ein hübscher, kleiner Fischerort, den die Norweger um die Jahrhundertwende eifrig benutzten und in dessen Nähe sie auch eine Walfangstation betrieben. Noch früher war Sudavík der Versammlungsplatz eines Things. Die Straße von Isafjördur führt übrigens durch den ersten Tunnel Islands.

Lögurinn

Lögurinn oder **Lagarfljót** ist der Name eines Sees, der von den beiden Flüssen **Jökulsá i Fljótsdal** und **Kelduá** gebildet wird. Die Kelduá nimmt ihren Ursprung im Keldurvatn, nicht weit vom Vatnajökull, die Jökulsá ist, wie der Name schon sagt, ein echter Gletscherfluß, der vom Eyjabakkafjöll herkommt. So ist das Wasser des Sees nicht glasklar wie im Mývatn oder Thingvallavatn, sondern milchig-weiß und undurchsichtig.

Der Lögurinn ist mit seinen 52 qkm Fläche der **drittgrößte** See Islands, 35 km lang und bis zu zweieinhalb Kilometer breit. An seiner tiefsten Stelle hat man 112 m gemessen. Dieser Punkt kann als der niedrigstgelegene auf der ganzen Insel angesehen werden: 90 m unter Meereshöhe. Mitten durch den See verläuft die Grenze zwischen zwei Bezirken: Nordur- und Sudur Múlasýsla.

Am unteren Ende des Lögurinn liegt **Egilsstadir** (1971: 714 Ew.), ein kleiner Ort, der erst in den letzten drei Jahrzehnten entstand. Nach Selfoss und Hveragerdi ist er der größte auf Island, der nicht am Meer liegt und nicht von den Erträgen des Meeres abhängig ist. Man lebt hier vom Handel, vom Flugplatz und kleiner Industrie, wie z. B. einer Schuhfabrik.

Touristische Sehenswürdigkeiten gibt es in Egilsstadir nicht, doch eignet sich das **Hotel** Valaskjálf gut als Standort für Ausflüge in die Umgebung. Am Ortseingang liegt auch ein brauchbarer Campingplatz.

Rund um den Lögurinn

Für eine Fahrt um den See sollte Ihnen mindestens ein ganzer Tag zur Verfügung stehen. Wenn Sie es eilig haben, wäre auf jeden Fall ein kurzer Ausflug zum Wald von Hallormstadur empfehlenswert.

Der Wald von Hallormstadur, **Hallormstadarskógar,** ist mit seinen 650 ha (oder sechseinhalb Millionen Quadratmetern) der größte Islands. Manche Bäume wachsen hier tatsächlich über zehn Meter hoch, wenn auch die Mehrzahl niedriger bleibt. 1905 wurde mit der Aufforstung begonnen, heute werden in der Staatlichen Baumschule 300 000 Setzlinge pro Jahr gezogen.

Vielleicht machen Sie einmal einen isländischen Waldspaziergang? Es gibt viele Wege, auf denen man die Kontraste zwischen dieser Oase, dem See und der kargen Berglandschaft ringsherum wunderbar genießen kann. Nicht umsonst zählt der Hallormstadarskógar zu den beliebtesten Ferienplätzen der Einheimischen! Der Campingplatz in Atlavík ist für mich der am schönsten gelegene auf der ganzen Insel und falls, wie versprochen, die sanitären Anlagen bald verbessert werden, könnte man hier ein paar ruhige Erholungstage während seiner Islandfahrt einlegen. Das gleiche gilt übrigens für das **Sommerhotel**, das in der seit 1930 bestehenden Haushaltsschule untergebracht ist.

Übrigens: vielleicht sehen Sie auch das Ungeheuer vom Lögurinn, das mit dem von Loch Ness verwandt sein soll!

Auf der Fahrt zum oberen Ende des Sees kommen Sie am Gehöft **Vallholt** vorbei, von dem aus der Wasserfall Hengifoss am besten zu sehen ist.

Ihr nächstes Ziel könnte dann **Valthjófsstadur** sein, wo in der neuen Kirche die Kopie der alten Kirchentür aus dem 13. Jahrhundert ihre Dienste tut. Das Original steht inzwischen im Nationalmuseum zu Reykjavík.

Die Berge hinter der Kirche zeigen besonders schön ausgeprägte Basaltstufen. Der hohe, schneebedeckte Berg, den Sie im Südwesten sehen können, ist der erloschene, 1833 m hohe Kegelvulkan **Snaefell**. Die Entfernung dorthin beträgt noch etwa 30 km. An seinem Fuß hat der Ferdafélag eine Hütte errichtet, die aber vom Lögurinn aus nur zu Fuß oder mit dem Pferd zu erreichen ist.

Die am westlichen Ufer nach Egilsstadir zurückführende Straße führt am Gehöft **Skriduklaustur** vorbei. Hier wurde 1493 vom Augustinerorden das letzte Kloster Islands errichtet, von dem aber nichts mehr erhalten ist. Das jetzige Haus wurde von einem deutschen Architekten geplant und von dem später in Reykjavík lebenden Dichter **Gunnar Gunnarson** bewohnt. Seine Werke sind auch in deutschen Übersetzungen erhältlich.

Wenige Kilometer weiter liegt etwas abseits der Straße Islands dritthöchster Wasserfall, der **Hengifoss** (118 m hoch). Von der Straße aus ist nur sein oberer Teil zu sehen, so daß es sich lohnt, bergan zu wandern. Der zum Fall gehörende Fluß ist nicht sehr breit, was die Isländer anscheinend dazu veranlaßte, ihn nach dem Wasserfall zu benennen, also **Hengifossá**.

Mýrdalsjökull und Katla

Der Mýrdalsjökull ist mit 700 qkm Fläche der viertgrößte Gletscher Islands; an seiner höchsten Stelle erreicht er 1480 m. Unter seiner südöstlichen Eisdecke schlummert ein immer noch aktiver Vulkan, die Katla, die bei klarem Wetter weithin zu sehen ist.

Sie ist Teil einer vulkanischen **Spalte,** deren genaue Länge noch nicht bekannt ist, aber wohl mehr als 20 km mißt. Ihr Alter wird auf 10 000 Jahre geschätzt, 14 Ausbrüche sind belegt. Der letzte fand 1918 statt. Da der 50-jährige Rhythmus der Katla bekannt ist, muß jetzt jederzeit mit einer neuen Eruption gerechnet werden.

Weil die Ausbruchsherde ja von dicken Eisschichten bedeckt sind, die durch die glutflüssige Lava zum Schmelzen gebracht werden, macht sich eine solche **Eruption** vor allem durch gewaltige Gletscherläufe bemerkbar. 1918 beispielsweise ist pro Sekunde mehr Wasser über den Mýrdalssandur gelaufen, als der Amazonas in der gleichen Zeit zum Atlantik schickt. Dabei wird dann jedesmal soviel Schutt und Geröll mittransportiert, daß sich die isländische Küste an dieser Stelle um mehrere Meter ins Meer verschiebt.

Besteigungen der Katla auf eigene Faust sollten erfahrenen Gletscherwanderern vorbehalten werden. Für ein breiteres Publikum bietet das isländische Jugendherbergswerk mindestens einmal im Jahr ein solches Unternehmen. Frühzeitige Anmeldung ist dafür erforderlich.

Mývatn

Der See Mývatn ist Islands beliebtestes Touristenziel. „Schuld daran" werden wohl die vielen Wandermöglichkeiten, das milde **Klima** (ungewöhnlich wenige Regentage) und die intensive Werbung gerade für dieses ohnehin reizvolle Gebiet sein.

Der See liegt auf einer Hochfläche, 277 m über dem Meeresspiegel, umrahmt von den verschiedenartigsten Vulkanen. Er ist meist nur 1—3 m tief, an einer Stelle 4,5 m. Seine **Fläche** beträgt 38 qkm, damit ist er der fünftgrößte See Islands. Sein **Entstehen** verdankt er gewaltigen Lavaausbrüchen in vor-historischer Zeit, die Dämme errichteten und so das Wasser aufstauten.

Der Mývatn ist außerordentlich **fischreich** (Forellen), an seinen Ufern wimmelt es von Vögeln (bis zu 50 000 Stück).

Im folgenden seien nun die verschiedenen interessanten Punkte kurz vorgestellt, deren Lage sie aus der nebenstehenden Karte ersehen können. Zunächst zu den Bergen der Umgebung:

Drei Horstvulkane thronen über der ganzen Landschaft: Bláfjall (1222 m), Búrfell (953 m) und Sellandafjall (988 m).

An der Ostseite des See erhebt sich der bunt gefärbte Námafjall (432 m), über den die Straße ins Ostland führt.

Der wohl interessanteste Berg ist der **Hverfjall** (452 m). Er gehört zum Typ der Ringwallkrater, von denen keiner reiner ausgeprägt ist als dieser. Entstanden ist er während einer Eruption vor etwa 2500 Jahren, die wahrscheinlich nur wenige Tage lang gedauert hat. Die recht steil aufragenden Kraterwände erheben sich bis zu 175 m über die Höhe des Mývatn. Wenn Sie einmal ganz um den Kraterrand herumgehen wollen, müssen Sie 1300 m zurücklegen. Im Krater erhebt sich nochmals eine kleine Kuppe, die eine Höhe von 312 m erreicht. Der günstigste Weg zum Hverfjall führt durch

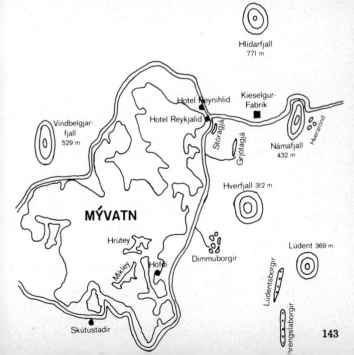

das vorgelagerte Lavafeld von der Grjótgjá aus (ca. 1 Std.). Von oben haben Sie einen herrlichen Blick über den See mit seinen vielen kleinen Inselchen, auf die Threngslaborgir und den Lúdent.

Der Lúdent ist ein anderer Ringwallkrater, 482 m hoch, aber schwerer zugänglich als der Hverfjall.

Im Nordosten des Mývatn wäre noch die **Krafla** (828 m) zu erwähnen, ein alter Vulkan. Als am 17. Mai 1724 an ihren Hängen ein neuer Nebenkrater (Víti) ausbrach, eröffnete er eine Eruptionsperiode, die fünf Jahre lang anhalten sollte und als **Mývatn-Feuer** in die Geschichte einging. Viele Lavafelder, die Sie heute am Mývatn sehen können, stammen aus dieser Zeit.

In der Gegenwart sind am **Krafla** vor allem der Víti und das Solfatarenfeld von Interesse; beide sind allerdings nur nach langem Fußmarsch erreichbar, den man aber in größeren Gruppen oder mit Führer unternehmen sollte.

Großen Anteil am Mývatn-Feuer hatten die Leirhnúkur, eine Vulkanspalte westlich vom Krafla. Ihr Ausbruch vom Januar 1725 an löste den des Víti ab.

Eine andere Kraterreihe sind die **Threngslaborgir,** vor ca. 2000 Jahren entstanden. Sie sind vom Hverfjall und vom Eingang zu den Dimmuborgir aus gut zu sehen.

Die **Dimmuborgir** (dt. 'Die dunklen Burgen') sind ein Lavafeld, das durch den Ausbruch der eben erwähnten Threngslaborgir entstand und später dann teilweise absackte. Das ganze ist ein wahres Labyrinth, in dem man sich leicht verläuft, da die stehengebliebenen Teile jetzt als hohe Wände den Blick in die Umgebung und damit auch jede Orientierung erschweren. Die eigenartigsten Formationen sind entstanden: Lavabrücken, -tore, -höhlen. **Die bekannteste ist die 'Kirkja'** mit ihren zwei Eingängen und der gewölbeartigen Decke (manche nennen sie gotisch)! Ein kleines Schild am Eingang und ein Steinhaufen obendrauf zeigen Ihnen an, daß Sie da sind; sonst könnte man sie leicht in diesem Gewirr von Lavabrocken verfehlen.

Dimmuborgir, ein Lava-Labyrinth. Wundern Sie sich nicht, wenn Ihnen eine Lavahöhle oder ein Torbogen auf der Suche nach dem Ausgang bekannt vorkommt — Sie sind dann wahrscheinlich im Kreis gelaufen. Merken Sie sich am besten markante Punkte!

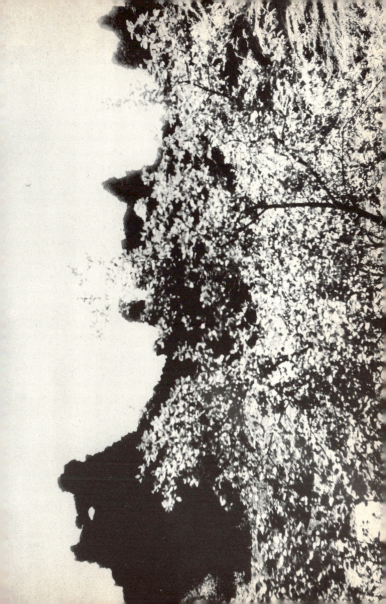

Ein Erlebnis ganz besonderer Art, das sich wohl kaum ein Tourist entgehen läßt, ist ein Bad in der **Grjótagjá**. In zwei unterirdischen Grotten sammelt sich das durch die Lava der Umgebung gesickerte Regenwasser, das dann vom warmen Boden der Grotten bis 43° aufgeheizt wird und sich immer unmerklich, aber stetig erneuert. Es ist alter isländischer Brauch, in der Grjótgjá nackt zu baden und sich darin zu waschen. Aus Tradition müssen Frauen in die linke, übrigens kleinere Grotte, während die Herren der Schöpfung die größere benutzen dürfen. Falls Sie diese Tradition brechen möchten (wie es viele Touristen tun), dann wäre es am besten, Sie kommen schon sehr früh oder erst spät am Abend. Ein Bad bei Kerzenlicht in den unterirdischen Höhlen hat seinen besonderen Reiz!

Eine kleine Warnung ist an dieser Stelle notwendig: bleiben Sie nicht länger als drei Minuten in dem angenehm warmen Wasser, da der Kreislauf doch etwas belastet wird. Und achten Sie auf spitze Steine! Die Grjótgjá befindet sich in ihrem völlig natürlichen Zustand, sie ist nicht für den Tourismus verändert worden. Mit etwas Vorsicht macht ein Bad hier noch mehr Spaß!

Zur Grjótagjá führen zwei Fahrwege und ein Fußweg (ca. 50 min.). Der Beginn des Fußwegs ist an der Straße vom See zur Kieselgurfabrik durch ein Schild angezeigt, weiter orientieren Sie sich dann an den aufgestellten Stangen.

Die **Stóra-Gjá** in der Nähe des Hotels Reynihlíd wurde in früheren Zeiten ebenfalls als Bad benutzt, ist heute aber weitaus weniger anziehend als die Grjótgjá.

Am Osthang des Námafjall liegt das Solfatarengebiet von **Hverasströnd** (Námaskard). Vom 13. Jahrhundert bis 1845 wurde hier Schwefel gewonnen und dann von Húsavík aus ins Ausland gebracht, wo es vor allem zur Herstellung von Schießpulver Verwendung fand. Die vielen Quellen sind jetzt größtenteils umzäunt, da es sehr gefährlich werden kann, wenn man ihnen zu nahe tritt: der Boden ist oft trügerich und wer einmal einsackt, der muß damit rechnen, daß Fuß oder Bein in Sekundenschnelle verbrannt sind.

Der Ringwallkrater **Hverfjall** am Mývatn lohnt eine Besteigung. Auf dem Kraterboden haben all die ihre mit Steinen verewigt, die die Mühe des zweifachen Auf- und Abstiegs nicht scheuten — originell?

Am Weg zum Námafjall wurde 1966 mit dem Bau einer **Kieselgur-Fabrik** begonnen, die jetzt jährlich 30 000 t dieses Stoffes aufbereitet.

Kieselgur ist ein Verwitterungsprodukt der Skelettreste einer bestimmten Algenart, der Kieselalge, das sich auf dem Grund des Mývatn in teilweise bis zu 10 m dicken Schichten findet. Es wird vor allem für chemische Filter, als Isoliermaterial und zur Herstellung von Dynamit gebraucht.

Am Südufer des Mývatn liegt die kleine Siedlung **Skútustadir** mit ihrem Sommerhotel. Hier finden sich auch zahlreiche schön ausgeformte Pseudo-Krater.

Zwei andere **Hotels,** Reynihlíd und Reykjahlíd, stehen am nordöstlichen Ende des Sees. In ihrer Nähe gibt es auch einen Campingplatz und einen Laden. Das Hotel Reykjahlíd ist übrigens voll lizensiert.

Die **Verkehrsverbindungen** zum Mývatn sind günstig. Straßen führen von Húsavík, Akureyri und aus dem Ostland hierher, **Linienbusse** fahren von Akureyri aus etwa elfmal, von Húsavík aus viermal und von Egilsstadir zweimal die Woche.

Das Hotel Reykjahlíd ist auch Ausgangspunkt für mehrere geführte **Touren,** so rund um den See, zum Dettifoss, auf die Halbinsel Tjörnes (Strecke 15) und zur Askja (Strecke 25).

Siglufjördur

Die großen Tage der Stadt am westlichen Ufer des gleichnamigen Fjords sind vorerst vorbei. Für ein halbes Jahrhundert war Siglufjördur das Zentrum der isländischen **Heringsfischerei** und jedes Jahr strömten Menschen aus allen Landesteilen hierher, um in den Fischfabriken zu arbeiten. Doch dann blieb der Hering aus und die Bewohner der Stadt begannen abzuwandern. Noch 1950 lebten hier über 3000 Menschen, heute sind es nur 2000.

Wie man an den vielen schmucken, neuen Häusern sehen kann, ist der Ort freilich nicht verarmt. Wer blieb, lebt heute vom Fang anderer Fischarten, von der Möbelherstellung oder vom Handel.

Am 20. Mai 1818 wurde Siglufjördur, übrigens die nördlichste Stadt Islands, zum offiziellen Handelsplatz erklärt und genau hundert Jahre später erhielt der Ort die **Stadtrechte.**

Der größte Teil der alten Gebäude findet sich auf der in den Fjord hineinragenden Halbinsel **Thormódseyri**. Hier könnten Sie sich eine der fünf Heringsfabriken oder einen der verbliebenen Einsalz-Plätze ansehen, die heute alle stillgelegt sind, aber eine gute Vorstellung von der während des Heringrausches herrschenden Aktivität geben.

Ansonsten hat Siglufjördur ein kleines **Hotel,** ein großes Hallenschwimmbad und einen Golfplatz zu bieten. Angler könnten sich im Miklavatn betätigen, Wanderern bieten die hohen Berge der Umgebung viele Möglichkeiten. Im Winter könnte man Ski laufen, zwei Lifts und eine Sprungschanze sind vorhanden.

Das ganze Jahr über ist Siglufjördur mit dem Auto und dem Bus zu errechen. Mehrmals wöchentlich verkehrt eine kleine Fluggesellschaft zwischen Reykjavík und Siglufjördur. Ab und zu legen auch die Frachter der staatlichen Reederei hier an.

Skaftafell

Skaftafell ist der **Name** einer Gruppe von drei Gehöften in Öraefi, von denen heute nur noch zwei bewohnt sind. Daneben wird Skaftafell aber auch oft als Bezeichnung des ganzen hier beschriebenen Gebiets gebraucht.

Bis in die Mitte unseres Jahrhunderts hinein war es das abgelegenste Fleckchen Erde, das sich wohl in Europa finden ließ. Zu Lande war es nur im Frühjahr und unter großen Strapazen und Gefahren zugänglich. Wer von Westen kam, mußte auf dem Rücken mutiger Island-Pferde die Wassermassen auf dem Skeidarársandur durchqueren, von Osten versperrten zahllose andere Gletscherflüsse den Weg. Häfen fanden und finden sich an der ganzen Küste von Öraefi keine. Erst das Flugzeug konnte die **Verkehrsverbindungen** verbessern (Flugplatz in Fagurhólsmýri). Es ist auch heute noch das günstigste Verkehrsmittel (Flugzeit von Reykjavík 55 Minuten). Skaftafell wird für viele zum Höhepunkt der Reise werden; denn was dem Touristen hier an landschaftlicher **Schönheit** geboten wird, ist selbst für Island einzigartig. Gletscher beherrschen die Szene, über den Gehöften thront der höchste Berg des Landes, Hvannadalshnúkur (2119m), zwischen Sand- und Eiswüste siedeln auf einem schmalen Streifen fruchtbaren, saftig-grünen Bodens ein paar Bauern — Bewahrung einer alten Tradition.

Noch Anfang des **14. Jahrhunderts** standen hier mehr als 30 Farmen, doch die fast regelmäßig alle fünf Jahre wiederkehrenden Gletscherläufe und die ewigen Wanderungen der Eismassen zwangen die Siedler immer wieder, ihren Besitz aufzugeben. Heute sind nicht einmal mehr 20 Höfe bewohnt, nur noch 120 Menschen leben in dem ganzen Gebiet. Und die neuzeitliche Landflucht hat auch in Öraefi Einzug gehalten. Viele verlassene Häuser zeugen davon.

Hotels gibt es in Skaftafell nicht. Wer sich hier länger aufhalten möchte, müßte zelten. Einkaufsmöglichkeiten gibt es.

Was gibt es nun zu tun? Vor allem Wanderungen zu den verschiedenen Naturschönheiten: zum **Svartifoss** beispielsweise. Vom Gehöft Bolti aus ist er in zwanzig Minuten zu erreichen. Das besondere an diesem Wasserfall sind weder gewaltige Wassermassen noch große Fallhöhe (sie mißt nur 20 m), vielmehr die gut ausgebildeten Basaltsäulen, die ihn umrahmen.

Flußauf- und -abwärts gibt es noch mehrere andere kleine Fälle: Thjófafoss, Hundafoss, Magnúsarfoss und Skadafoss.

Vom Hof Haedir aus könnten Sie ins **Morsárdalur** laufen. An seinem nordöstlichen Ende tritt der **Morsárjökull** herunter, viele kleine Seen haben sich gebildet, auf denen kleine Eisberge schwimmen. Weiter südwestlich liegt der **Baejarstadarskógur**, Reste der ursprünglichen Bewaldung Islands, hauptsächlich Birken. In der gleichen Richtung weiter sprudelt eine kleine heiße Quelle und dann ist auch schon sehr gut das gewaltige Schauspiel der unter dem Skeidarárjökull hervorbrechenden **Skeidará** zu sehen.

Von den verschiedenen Hügeln und Bergen aus eröffnen sich immer wieder gute Aussichten über Gletscher und Sander. Bei klarem Wetter kann man oft über den Skeidarársandur hinüber bis zum Lómagnúpur schauen.

Zur Farmgruppe von **Hof** gehört eine Schule und eine kleine Torfkirche aus den Jahren 1883/84. Ganz in der Nähe wurden 1954 Reste eines alten Gehöfts namens **Gröf** entdeckt, das bei einem Ausbruch des Öraefajökull im Jahr 1362 zerstört wurde.

Vom verlassenen **Sandfell** aus sind im Frühsommer Besteigungen der **Hvannadalshnúkur** möglich. Man benötigt dazu allerdings unbedingt einen Führer!

Der Name **Svinafell** ist Sagafreunden aus der Saga vom verbrannten Njál gut bekannt.

Zuletzt sei noch erwähnt, daß ein Teil von Skaftafell im September 1967 zum zweiten **Nationalpark** Islands nach Thingvellir erklärt wurde. Finanzielle Hilfe beim Landankauf leistete dabei der World Wild Life Fund, der ja auch bei uns wegen seiner Unterstützung für die afrikanische Tierwelt gut bekannt ist. Die Gesamtfläche des Nationalparks läßt sich nur annähernd angeben, da sie von der jeweiligen Eisgrenze der Gletscher abhängt. Sie beträgt etwa 500 qkm.

Mehrmals wöchentlich werden von Reykjavík aus zwei- oder mehrtägige **Touren** ins Gebiet von Skaftafell veranstaltet. Individualreisende ohne eigenes Auto können den dreimal wöchentlich zwischen Höfn und Skaftafell verkehrenden **Linienbus** benutzen. Flugzeuge der ICELANDAIR fliegen Fagurhólsmýri im Sommer dreimal je Woche von Reykjavík und Höfn aus an.

Wenn Sie nach Skaftafell kommen, um zu wandern, sind **Gummistiefel** unerläßlich, da bestimmt Bäche und kleinere Flüsse zu durchwaten sind.

Skálholt

Für mehr als 700 Jahre war Skálholt das Zentrum des geistigen Lebens auf Island. Alles begann damit, daß der Enkel des ersten Siedlers in diesem Gebiet, **Isleifur Gissurarson,** im deutschen Stift Herford zum Priester geweiht wurde. Als er in seine Heimat zurückkehrte und 1056 zum ersten Bischof des Landes ernannt wurde, wählte er Skálholt als **Residenz.** Bis 1541 residierten hier dann 31 weitere katholische Bischöfe. Nachdem der reformierte Glaube auf Island eingeführt worden war, blieben auch die lutheranischen Kirchenfürsten in Skálholt und zwar bis 1796.

Als zu Beginn des 19. Jahrhunderts die beiden Bistümer von Skáholt und Hólar zu einer einzigen Diözese mit Sitz in Reykjavík zusammengeschlossen wurden, verlor die alte Residenz rasch an Bedeutung. Da damals auch die zur Kirche gehörende **Lateinschule** ihren Lehrbetrieb einstellte, ist Skálholt jetzt nur noch als historische Stätte erwähnenswert.

Doch ist von den alten Gebäuden heute nichts mehr zu sehen. Nur ein **unterirdischer Gang,** der früher die Kirche mit der Schule und den Wohnhäusern verband, ist zum Teil noch erhalten. Außerdem werden in der **Krypta** der modernen Kirche noch einige Relikte aufbewahrt, darunter der **Sarkophag** des siebten Bischofs von Skálholt, Pál Jónsson, der von 1195—1211 im Amt war.

Das **jetzige Gotteshaus,** wahrscheinlich das elfte, das an diesem Platz steht, wurde 1956—1963 erbaut. Sehr schön sind die bunten Glasfenster von Gerdur Helgadóttir und das farbenprächtige moderne Altarbild von Nína Tryggvadóttir. Nur die Kanzel stammt noch aus alten Zeiten, sie wurde in der Mitte des 17. Jahrhunderts geschaffen.

Wenige Schritte von der Kirche entfernt wurde dem letzten katholischen Kirchenfürsten Islands, **Jón Arason,** ein **Denkmal** gesetzt. 1524 war er zum Bischof von Hólar geweiht worden. Als dann 1536 in Dänemark der lutherische Glauben zur Staatsreligion erklärt wurde, sollte auch in Island die **Reformation** durchgeführt werden. Ögmundur Pálsson, letzter katholischer Bischof in Skálholt, dankte 1541 ab; Jón Arason von Hólar aber widersetzte sich dem neuen Glauben und dem damit einhergehenden Anwachsen des dänischen politischen Einflusses heftig. Er hatte die meisten seiner Landsleute auf seiner Seite, wurde letztlich aber doch von den dänischen Schergen festgenommen. Am 7. November 1550 wurde er ohne Gerichtsverfahren in Skálholt hingerichtet. Heute noch gilt er als Nationalheld, weil er sich gegen die dänische Willkürherrschaft aufgelehnt hatte und für diesen Kampf gar seinen Tod in Kauf nahm.

Mit ihm starben zwei seiner Söhne durch das Beil des Henkers. Wundern Sie sich nicht über die Söhne: die isländischen Bischöfe hatten es leicht gehabt, das Zölibat zu umgehen, lag ihre Insel doch so weit von Rom entfernt, daß leicht die eine oder andere Enzyklika vom heiligen Vater verloren gehen konnte. . .

Die neueste Kirche in **Skálholt.** Wird sie der Witterung standhalten oder wie ihre Vorgänger, waren sie nun aus Torf oder Holz gebaut, langsam zerfallen?

Skeidarársandur

Der Skeidarársandur ist mit seinen 1000 qkm **Fläche** der größte aller isländischen Sander. An der Küste beträgt seine **Breite** etwa 50 km, zwischen Lómagnúpur und Skaftafell ca. 26 km.

Wie Sander entstehen, war schon im allgemeinen Kapitel über die Geographie angesprochen worden. Der Skeidarársandur ist nun noch immer Schauplatz gewaltiger **Gletscherläufe,** die von den Grimsvötn auf dem Vatnajökull verursacht werden. Alle fünf Jahre kann man damit rechnen. Bei einem solchen 'jökulhlaup', der sieben bis vierzehn Tage lang dauern kann, wird dann der ganze Sander überschwemmt. Bis zu sieben Billionen Liter Wasser fließen ins Meer, zeitweise 45 000m^3/sec. Um diese Zahl verstehen zu können, muß erwähnt werden, daß der Rhein beispielsweise nur 2 330 m^3/sec. und der Mississippi 17 500 m^3/sec. Wasser zum Meer schicken.

Aber auch in der übrigen Zeit ist der Skeidarársandur durchaus sehenswert. Unzählige **Flüsse** fließen, sich immer wieder verästelnd, hinab zur Küste. Sie ändern oft ohne sichtbaren Grund ihren Lauf und haben so bisher jeden Brückenschlag verhindert: denn was nützt es, eine Brücke zu bauen, wenn der Fluß schon am nächsten Tag nicht mehr darunter hindurch, sondern fünfzig Meter weiter daneben fließt?

Die Isländer haben es dennoch gewagt. In drei Jahren, zwischen 1972 und 1974, stellten sie die 33 km lange Verbindung zwischen Skaftafell und Nupsstadur her und schlossen damit die letzte Lücke ihrer Inselrundstraße. Wer zuvor mit dem Auto nach Höfn oder Skaftafell fahren wollte, mußte von Reykjavík aus zunächst fast die gesamte Insel umqueren und dann 1000 km weit auf dem gleichen Weg wieder zurückfahren. Der Südosten Islands ist soviel enger an Reykjavík angebunden worden, was ihm nicht zuletzt auch wirtschaftlich und touristisch zugute kommt.

Fünf Brücken, von denen die längste 880 m lang ist, mußten geschlagen, 17 km Dämme errichtet werden. Das ganze Bauwerk kostete mehr als achtzehn Millionen Mark, von denen ein Teil durch eine nationale Lotterie und durch Ausgabe von Schuldverschreibungen eingebracht wurden.

Snaefellsjökull

Der Snaefellsjökull gehört wie der Ätna und Vesuv zum Typ der **Kegelvulkane**. Er liegt auf der Westspitze der Halbinsel Snaefellsnes und steigt auf drei Seiten aus dem flachen Küstengebiet bis auf eine Höhe von 1446 m auf. Wie oft in Island trägt der ganze Berg den Namen 'Gletscher' ('jökull'), obwohl das gerade beim Snaefellsjökull nicht ganz berechtigt erscheint. Noch vor 70 Jahren breiteten sich die **Eismassen** auf seinem oberen Teil über eine doppelt so große Fläche aus wie heute (damals 22 qkm, heute 11 qkm), gingen dann aber der Klimaverbesserung wegen immer weiter zurück, so daß heute praktisch nur noch eine weiße Kuppe den Vulkan bedeckt.

Der Snaefellsjökull, 1753 erstmals bestiegen, ist der markanteste Punkt der isländischen Südwestküste. Bei klarem Wetter ist er nicht nur von Reykjavík und der Halbinsel Reykjanes aus zu sehen, sondern auch von der Südseite der Nordwesthalbinsel und selbst von Teilen des Binnenlandes.

An der Ostseite des Berges hat der Isländische Touristenverein (Ferdafélag) eine Schutzhütte errichtet. Von hier aus sind Besteigungen des Snaefellsjökull gut möglich, doch wäre es vielleicht besser, sich einer der ab und zu vom Ferdafélag angebotenen geführten Touren auf die Spitze des Berges anzuschließen.

Auch die Helden aus Jules Verne's Roman **„Die Reise zum Mittelpunkt der Erde"** hatten ihre Führer dabei, als sie den Einstieg zu ihrem abenteuerlichen Unternehmen fanden. Nach drei Monaten erreichten sie vom 'Snoeffelsjökull' (so hieß der Berg bei Verne) aus durch unterirdische Gänge Stromboli, wo sie bei einem Vulkanausbruch ausgespien wurden. Vielleicht macht es Ihnen auch Spaß, die Schilderungen Jules Verne's (noch einmal) zu lesen, nachdem Sie selbst den Ausgangspunkt der Reise gesehen haben?

Stöng

Stöng war im frühen Mittelalter eine von etwa fünfzehn Farmen, die hier im Thjórsárdalur gestanden haben sollen. Der Platz war gut gewählt: frisches Wasser ganz in der Nähe, geschützte Lage, prächtiger Ausblick. Baumaterialien waren vor allem Erde und Steine, Holz nur soweit verfügbar.

Beim Ausbruch der Hekla im Jahr 1104 wurde Stöng zerstört, 1939 wieder ausgegraben. Heute finden Sie hier die besterhaltenen und anschaulichsten Überreste eines Hofes aus dem Sagazeitalter.

Unter dem neu errichteten, grünen Schutzdach liegen die Haupträume der alten Siedler.

Zunächst betreten Sie den Hauptraum, in dem sich das gesellige Leben abspielte. In der Mitte brannte das Langfeuer (2), auf den Bänken entlang der Wände schliefen im östlichen Teil die Männer (3), im westlichen die Frauen (4). Am Kopfende des Hauses lagen auf dem blanken Erdboden die Sklaven(1). Der große Raum (5), der nach Westen abgeht, diente den Frauen als Arbeitsstätte; in den beiden nördlichen Anbauten befanden sich die Vorratskammer (6) und die Toilette (7).

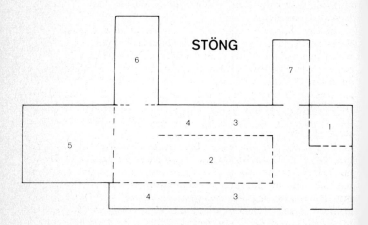

Südöstlich vom Haupthaus sind noch zwei Grundrisse erkennbar, wo früher Werkstatt mit Schmiede und Kuhstall (für 16 Tiere, wie sie an den Steinplatten erkennen können) gestanden haben.

Stykkishólmur

Die Gegend um die Stadt herum ist Schauplatz der **Eyrbyggja-Saga**, die in der Mitte des 13. Jahrhunderts entstand und vom Leben der Bewohner dieses Landstrichs erzählt.

Dieser Landstrich, das ist die Halbinsel **Thórsnes**, auf der Stykkishólmur liegt, inmitten eines leicht gewellten Geländes, das dem Ort seine ganz eigene Atmosphäre verleiht. Dazu trägt auch der kleine **Hafen** bei, der, von felsigen Inseln gegen das offene Meer abgeschirmt, fast ein wenig südländisch anmutet. Im Süden erhebt sich der bunte **Drápuhlídarfjall,** der das hübsche Gesamtbild des Städtchens abrundet.

Stykkishólmur ist ein geeigneter Standort für zwei, drei Tage. 1973 wird ein großes, neues **Hotel** eröffnet, in dessen Nähe auch der Campingplatz liegt. Außerdem soll unbedingt ein kleines Lokal am Hafen genannt werden, das die für Island einmalige Bezeichnung „**Tehús** = Teehaus" trägt — obwohl hier vor allem Süßigkeiten, Kaffee und Würstchen verkauft werden.

In der Nähe von Stykkishólmur liegt etwas abseits des Wegs zur Hauptstraße der Berg **Helgafell,** ein heiliger Berg, wenn man dem Volksmund Glauben schenken darf. Wer seinen 73 m hohen Gipfel ersteigt, ohne sich umzudrehen und ohne ein Wort zu sprechen, soll drei Wünsche frei haben. Ob sie freilich in Erfüllung gehen, müßten Sie selbst ausprobieren. Tatsache ist auf jeden Fall, daß der Helgafell vom Ende des 12. bis ins 16. Jahrhundert hinein Standort eines Augustinerklosters war.

Vom Helgafell aus haben Sie den besten Blick über Thórsnes, auf den Drápuhlídarfjall und über die zahllosen **Inseln im Breidafjördur.** Wenn Sie diese erkunden möchten, könnten Sie sich im Hafen von Stykkishólmur ein kleines Boot mit Besatzung mieten und zum Beispiel auf **Brokey,** der größten Insel, anlegen oder auf **Hrappsey,** wo im späten 18. Jahrhundert die erste Zeitschrift Islands gedruckt wurde.

Eine preiswertere Möglichkeit bietet das Motorschiff M. S. BALDUR, das mehrmals wöchentlich nach Brjánslaekur auf der Nordwesthalbinsel hinüberfährt und dabei auch auf der einzigen bewohnten Insel im Breidafjördur, auf **Flatey,** anlegt. Hier könnten Sie sich einige Stunden aufhalten und dann mit der BALDUR wieder nach Stykkishólmur zurückfahren.

Die BALDUR kann auch Autos transportieren. Sie können so die Fahrt auf die NW-Halbinsel um mehrere Stunden verkürzen. Auskünfte über den Fahrplan geben die Reisebüros in Reykjavík.

Surtsey

finden Sie unter dem Stichwort „Westmänner-Inseln"

Thingvallavatn

Der Thingvallavatn ist mit einer **Fläche** von 82,6 qkm der größte See Islands. Er liegt 103 m über dem Meeresspiegel, ist an vielen Stellen sehr flach, erreicht aber mit 114 m auch die größte **Tiefe** aller isländischen Binnengewässer. Es gibt nur einen Abfluß, die **Sog,** und nur einen nennenswerten Zufluß, **die Öxará.**

Drei **Inseln** liegen im See; die größte, Sandey, soll vulkanischen Ursprungs sein. Der Thingvallavatn ist außerordentlich **fischreich,** in manchen Jahren hat man hier über 20 000 t erbeutet. Neben Saiblingen ist eine Fischart, die einzig hier vorkommt, besonders stark vertreten. Die Isländer nennen sie **'Murta'.** Sie wird nur 25 cm lang und 100 g schwer, gilt aber in den USA als besondere Delikatesse.

Wie die Karte zeigt, ist der See aus allen Himmelsrichtungen zu erreichen. Eine Straße führt rund um den Thingvallavatn. Am Westufer trägt sie einen eigenen Namen: **Grafningsvegur.** Für den Autofahrer ist sie nicht unbedingt ein reines Vergnügen, aber das immer wieder neue Panorama, das sich an jedem Punkt der **Rundfahrt** eröffnet, entschädigt auch für Schlaglöcher und ähnliche Hindernisse. Als besondere Sehenswürdigkeit auf diesem Ausflug wäre vor allem das Thermalgebiet am Fuß des 803 m hohen **Hengill** zu nennen. Es ist das drittgrößte Quellenfeld auf Island und setzt sich über den Berg bis nach Hveragerdi fort.

Wenige Kilometer weiter erreicht die Straße einen kleineren See, den **Ulfljótsvatn.** Gleich darauf sind Sie dann am **Ljósifoss,** wo Sie ein Kraftwerk besichtigen könnten.

Die Rundstrecke um den See ist etwa 55 km lang. Als Ausgangspunkt könnten Sie **Thingvellir** wählen, wo sich auch ein Hotel mit Restaurant befindet.

Die ehemalige Werkstatt und Schmiede zu **Stöng.** Die Sagahelden haben nicht nur gekämpft, sie mußten auch hart arbeiten.

Thingvellir

„Thingvellir zu sehen
ist eine Weltreise wert."
Lord Dufferin

Geschichte

Als die Besiedlung Islands nahezu abgeschlossen war, hielten die Bewohner des Landes die Zeit für gekommen, das politische Leben zu ordnen. Auf Ratschlag des Häuptlings **Ulfljótur,** der in Norwegen das geltende Recht studiert und auswendig gelernt hatte, wurde dessen Freund **Grímur geitskór** ausgesandt, eine geeignete Versammlungsstätte zu finden und alle Leute im Land dorthin zu bitten. Die Wahl des Kundschafters fiel auf die Ebene am Thingvallavatn, die fortan den Namen Thingvellir trug.

Im Jahr **930** trat das **Althing** dann erstmals zusammen. Bis 1798 trafen sich die Menschen aus allen Landesteilen hier alljährlich. Solange Island ein unabhängiger Staat war, wurden auf dem Thingplatz Gesetze erlassen, Gericht gehalten, Ehen geschlossen, Verurteilte hingerichtet, Neuigkeiten ausgetauscht und fröhliche Feste gefeiert. Gewöhnlich wurde dafür der Monat mit dem längsten Tageslicht, der Juni, ausgewählt.

In dieser **Periode der Unabhängigkeit** (930—1262/64) war das Althing so zusammengesetzt: Die legislative Versammlung (lögretta) beriet und erließ unter Vorsitz des Gesetzessprechers (lögsögumadur) neue Gesetze. Dieser mußte ein Mann mit gutem Gedächtnis sein, da es bis 1117/18 keine Niederschrift der Gesetze gab; er mußte sie alle auswendig kennen. Es war seine Aufgabe, während seiner dreijährigen Amtszeit jeweils ein Drittel der bestehenden Gesetze vom **Lögberg** aus zu **rezitieren,** damit alle Anwesenden sie wieder in ihr Gedächtnis zurückrufen konnten. Darüber hinaus stand er jederzeit im Jahr als lebendes Gesetzbuch für Rechtsauskünfte zur Verfügung.

Stimmberechtigte Mitglieder der Lögretta waren allein die **Goden** (isl. 'godar'), das heißt die Häuptlinge der einzelnen Bezirke. Sie wählten zugleich jedes Jahr das **Oberste Gericht,** das dann auch während des Althings tagte.

Bis 1691 traf die Lögretta unter freiem Himmel zusammen. Das dann errichtete Zelt wurde in der Mitte des 18. Jahrhunderts durch ein Holzhaus ersetzt.

Als Island 1262 unter **norwegische Herrschaft** geriet, wurde das Amt des Gesetzessprechers abgeschafft. Das Althing hatte zwar auch weiterhin das Recht, Gesetze zu erlassen, verlor aber dann besonders unter **dänischer Herrschaft** seine Bedeutung, da die Politik und die Geschicke des Landes im wesentlichen von Kopenhagen aus gesteuert wurden. 1798 wurde es schließlich aufgelöst. Als es dann mehrere Jahrzehnte später wieder eingesetzt werden konnte, wählte man Reykjavík als neuen Versammlungsplatz.

Aus dem Bewußtsein der Isländer aber verschwand Thingvellir nie. Vom 5. — 7. August **1874** feierte man hier die tausendjährige Besiedlung des Landes. Dänemarks König Christian IX. war anwesend und brachte den Isländern eine neue Verfassung mit.

Als sich **1930** das erste Zusammentreten des Althings zum tausendsten Mal jährte, gab es schon wieder ein Parlament in Reykjavík, aber dennoch zog man nach Thingvellir hinaus. Ein Drittel der Bevölkerung nahm an den Feierlichkeiten teil.

Inzwischen war die historische Stätte schon durch ein Gesetz vom 7. Mai 1928 zum **Nationalpark** erklärt worden.

Am 17. Juni **1944** war selbstverständlich Thingvellir der Platz, an dem die neu gewonnene Unabhängigkeit gefeiert wurde. Und **1974** brachte das elfhundertste Jubiläum der Besiedlung des Landes wieder alle Isländer hier zusammen.

Die Landschaft

Wenn Sie heute nach Thingvellir kommen, sehen Sie das Land fast ebenso vor sich wie damals Grímur geitskór. Nur der Wasserspiegel des Sees ist durch ein Erdbeben im Jahr 1789 gestiegen.

Der eigentliche **Nationalpark** wird im Westen von der Almannagjá, im Osten von der Hrafnagjá und im Süden vom Thingvallavatn begrenzt. Seine gesamte Fläche beträgt 27 qkm. Große Teile sind mit Lava bedeckt, auf der sich an einigen Stellen auch kleine Wäldchen finden. Das gesamte Gebiet liegt in einer etwa 40 km langen und 10 km breiten Senke, die durch tektonische Brüche entstand.

In Thingvellir sollte man sich Zeit lassen und einige Stunden zu Fuß umherschweifen. In der Lava haben sich unzählige **Klüfte** gebildet, die teils mit Wasser gefüllt, teils trocken und voller üppiger Vegetation sind. Da wäre zum Beispiel die **Níkulásargjá** zu nennen, die heute meist **Peningagjá** heißt, weil auf ihrem Grund zahlreiche Münzen aus aller Welt liegen. Es geht nämlich die Sage, daß jeder, der ein Geldstück hineinfallen läßt und es mit den Augen bis zum Grund verfolgen kann, einen Wunsch frei hat. Vielleicht versuchen Sie es einmal?

Im Lavafeld gibt es auch einige **Höhlen.** Die größte, Gjábakkahellir, liegt zwei Kilometer außerhalb des Nationalparks an der Straße zum Laugarvatn.

Wenn Sie die 50 km von Reykjavík her mit dem Auto oder Bus zurückgelegt haben, wird ihr erster Halt sicherlich an der **Almannagjá** sein. Oben ist eine Aussichtsscheibe aufgestellt, die Ihnen die Namen aller bei gutem Wetter sichtbaren Berge nennt. Ein asphaltierter Weg, der aber seit 1967 für Fahrzeuge gesperrt ist, führt hinunter ins Tal. Wenn Sie ihn entlanggehen, werden Sie die Eigenart der Schlucht besonders gut wahrnehmen können: überall werden die Felsen zu Gesichtern, zu Tieren, ja, an einer Stelle erkennt man gar ein Wikingerschiff.

Wenige hundert Meter weiter nördlich stürzt ein Wasserfall die Almannagjá hinab. Es ist der **Öxarárfoss,** 20 m hoch. Sein Fluß, die Öxará (auf deutsch: Axtfluß) wurde von den ersten Siedlern so umgeleitet, daß er genau die Bedürfnisse der alten Thing-Teilnehmer befriedigen konnte.

Die alten Stätten

Thingvellir ist kaum historisches Denkmal im üblichen Sinn. Was hier die Menschen bauten, ist zerfallen. Bestand hatte einzig die Natur, und wo Natur ins Leben einbezogen wurde, da ist Erinnerung geblieben.

Allein fünf Hinrichtungsplätze kann man heute noch auffinden. Da wäre der Ertränkungspfuhl **Drekkingarhylur,** in dem Frauen starben, die ihren Gatten oder ihre Kinder um-

---

Die **Almannagjá** — erkennen Sie die Gesichter und Fabelwesen, die Sie aus dem Fels heraus anschauen?

gebracht hatten. Und der Felsen **Gálgaklettar,** auf dem der Galgen stand, der für Diebe bestimmt war. Die Kluft **Brennugjá,** in der im 17. Jahrhundert fünfundzwanzig vermeintliche Hexen verbrannt wurden. **Höggstokkseyri,** wo Mörder durch das Beil des Henkers den Tod erleiden mußten. Und **Kagahólmi,** wo glimpflich Davongekommene beim Auspeitschen eine Überlebenschance hatten.

Aber auch angenehmere Plätze lassen sich nachweisen. Auf dem Ostufer der Öxará tagte anfangs die **Lögretta,** die gesetzgebende Versammlung. Später wurde sie dann verlegt, wahrscheinlich auf eine kleine Insel in der Nähe. Vom **Lögberg** aus, einem am Weg ins Tal hinab rechts liegenden Felsen der Almannagjá, wurden die Gesetze verlesen. Noch heute ist hier die Plattform aus Stein und Rasen zu erkennen, auf der der Lögsögumadur stand.

Überreste der Unterkünfte, in denen die Thing-Teilnehmer hausten, sind zwischen Almannagjá und Öxará zu sehen. Die meisten stammen aus dem 18. Jahrhundert, aber auch aus älteren Zeiten bis zurück ins 10. Jahrhundert haben sie Spuren hinterlassen. Die Isländer nannten die einfachen Hütten und Zelte **Budir,** was man mit 'Buden' übersetzen könnte.

Eine **Kirche** gab es in Thingvellir seit dem frühen 11. Jahrhundert. Wahrscheinlich war das Gotteshaus von Thingvellir das erste auf der Insel überhaupt. Es brannte im Jahr 1118 nieder. Die jetzige Kirche — niemand weiß genau, die wievielte es ist — stammt aus dem Jahr 1860. Seit 1928 wohnt im Pfarrhaus der Aufsichtsbeamte des Nationalparks, der zugleich immer ausgebildeter Pfarrer sein muß.

Touristisches

In Thingvellir gibt es ein ausgezeichnetes **Hotel,** das Valhöll. Im Nationalpark sind einige Stellen als **Campingplätze** ausgewiesen, in den übrigen Teilen des Geländes ist Zelten streng verboten.

Im Sommer verkehren zwei- bis dreimal täglich **Linienbusse** zwischen Thingvellir und Reykjavík. Außerdem werden ebenfalls jeden Tag **geführte Touren** ab Reykjavík veranstaltet, die teilweise noch weiter zum Geysir und Gullfoss führen. Vom Laugarvatn aus werden **Reitausflüge** nach Thingvellir angeboten.

Vatnajökull

Den Vatnajökull zu beschreiben erscheint als schier hoffnungsloses Unterfangen, wo er selbst doch erst wenig erforscht ist. Auch der Tourist kann nur einige kleine Teile kennenlernen — nämlich dann, wenn er an einer Gletschertour mit der Schneekatze teilnimmt (siehe Teil E).

Dennoch sollen einige wenige Angaben hier gemacht werden. Der Vatnajökull ist der größte Gletscher der Welt, abgesehen vom Inlandeis Grönlands und der arktischen Gebiete. Er mißt über **8400 qkm**. Der zweitgrößte in Europa, Jostedalsbrae in Norwegen, bedeckt nicht einmal 900 qkm, der größte in den Alpen, der Aletsch-Gletscher, nur 115 qkm.

Die **Eisdecke** auf dem Vatnajökull erreicht 600 — 1000 m Dicke und breitet sich durchschnittlich in einer Höhe von 1400 — 1600 m aus. Viele Gletscherzungen strömen nach allen Richtungen aus, im Süden reichen sie oft bis an das Meer heran.

Der **Name** des Vatnajökull bedeutet auf deutsch 'Wassergletscher', wohl vor allem wegen der zahlreichen Flüsse, die ihm entspringen: Folge des ständigen Abschmelzens äußeren Eises.

Andere Wassermassen, die er zeitweise zu Tal fördert, werden **Gletscherläufe** (jökulhlaup) genannt. Ihre Ursachen sind verschieden, teilweise auch noch nicht ganz geklärt. Am bekanntesten sind wohl die, die in den **Grimsvötn** ihren Ursprung nehmen, einer Seengruppe im westlichen Teil des Vatnajökull. Das Wasser wird durch Eisdämme gestaut, die ziemlich regelmäßig brechen, wobei dann die Gletscherläufe entstehen. Wie bisher beobachtet wurde, stehen sie hier immer mit Vulkanausbrüchen in Zusammenhang. Die genaue ursächliche Relation zwischen beiden ist aber noch nicht geklärt.

Ein anderes Gebiet aktiven Vulkanismus unter dem großen Gletscher ist der **Öraefajökull**. Sein Krater erreicht einen Durchmesser von bis zu 5 km, der Boden ist mit Schnee und Eis gefüllt. Rundherum stehen hohe Berge, von denen der höchste zugleich auch der größte Islands ist: die **Hvannadalshnúkur** (2119 m). Zwei Ausbrüche in historischer Zeit sind vom Öraefajökull sicher belegt, einer von 1362 und ein anderer von 1727.

Touristisch interessant sind die **Kverkfjöll,** zwei 'Zwillingsberge' am Nordrand des Vatnajökull, die schon vom Askja aus gut zu sehen sind. Manche geführte Touren führen dort vorbei. Hier treffen sich Feuer und Eis, Schwefelquellen inmitten des Gletschers.

Gletscherüberquerungen dürften nur für erfahrene Gletscherwanderer möglich sein. Bis zum 16. Jahrhundert wurden sie oft von Bewohnen des Nordlandes durchgeführt, die zur Fischsaison in den Süden wollten. Ihr Weg führte meist am Snaefell vorbei, dann am westlichen Rand des Eyjabakkajökull entlang, 20 km weit über das Eis nach Hoffelsmúli im Südland.

Danach dauerte es lange, bis sich erstmals wieder jemand auf den Vatnajökull wagte. Die erste genau beschriebene Expedition unternahm im Jahr 1875 der Engländer Lord Watts; **wissenschaftliche Erkundungen** setzten erst nach einem Ausbruch der Grimsvötn 1934 ein. Heute stehen mehrere **Schutzhütten** für solche Unternehmungen auf dem gewaltigen Gletscherschild.

Westmänner-Inseln

Geschichte

Die frühe Geschichte der Inseln ist wie die Islands mit dem Namen Ingólfur Arnarson verbunden. Er und sein Blutsbruder, **Leifur Hródmarsson,** waren gleichzeitig von Norwegen aufgebrochen und trennten sich erst, als die Gletscher Islands in Sicht kamen. Mit an Bord waren **keltische Sklaven,** die die Wikinger als **'Westmänner'** bezeichneten, da deren Heimat, Irland, westlich von Skandinavien lag.

Ingólfur und Leifur gingen an verschiedenen Stellen an Land. Ingólfur begab sich auf die Suche nach dem über Bord geworfenen Hochsitz, die ihn schließlich nach Reykjavík führte; Leifur aber begann schon im nächsten Frühjahr, Land urbar zu machen. Dabei sollten wohl seine zehn Sklaven die Hauptarbeit übernehmen; die aber wollten nicht und brachten ihren Herren kurz entschlossen um. Sie kannten die Sit-

---

Feuer und Eis in ewigem Kampf, wie hier in der Nähe der **Kverkfjöll,** wo die heißen Quellen eine kleine Oase geschaffen haben.

ten der Zeit allzugut und fürchteten nun Ingólfurs Rache. So begaben sie sich auf ein Schiff und steuerten die vor der Küste liegenden Inseln an.

Als Ingólfur vom Tod seines Blutsbruders erfuhr, gab es für ihn nach dem Ehrencodex der Wikinger nur eine Aufgabe: Blutrache zu nehmen. Er fand die Sklaven auch bald und tötete sie. Die Inseln, auf denen sie Zuflucht genommen hatten, trugen fortan ihren Namen: Westmänner-Inseln.

Etwa 25 Jahre später, um das Jahr 900 herum, ließ sich dann der erste Siedler auf der Hauptinsel Heimaey nieder. Das Landnámabók kennt seinen Namen: **Herjólfur Bardarson.** Nach ihm ist heute das Schiff benannt, das regelmäßig zwischen Reykjavík und den Inseln verkehrt.

Wenig mehr als hundert Jahre später wurde die erste **Kirche** auf den von den Einheimischen **Vestmannaeyjar** genannten Inseln errichtet. Das Holz dafür hatte der norwegische König geschenkt — erste Versuche der Einflußnahme.

Bis **1250** blieb das Land im Besitz der dort ansässigen Bauern, ehe es dem Bistum Skálholt zugeschlagen wurde. Im 15. Jahrhundert schließlich ging es in das Eigentum der dänischen Krone über. Seit 1609 sind die Inseln ein selbständiger Verwaltungsbezirk.

Das wichtigste und am nachhaltigsten wirkende Ereignis in der Geschichte der Westmänner-Inseln nahm am 16. Juli 1627 seinen Lauf. Plötzlich erschienen fremde Schiffe am Horizont, die genau auf die Inseln zuhielten. An Bord waren keine friedlichen Kaufleute, sondern 300 arabische **Piraten!** Die Verwirrung auf Heimaey war groß, die Freibeuter hatten leichtes Spiel. Als sie wieder abzogen, ließen sie 35 Tote und einen zerstörten Ort hinter sich, auf ihren Schiffen befanden sich 242 **Gefangene**, die dann auf den Sklavenmärkten Afrikas verkauft wurden. Zehn Jahre später konnte der dänische König 37 von ihnen wieder auslösen, aber nur dreizehn erreichten ihre Heimat. Darunter war auch eine junge Frau, die der große Dichter Hallgrímur Pétursson inzwischen kennengelernt hatte und später heiratete.

Im Gedächtnis der Inselbewohner sind die Piraten als 'Türken' lebendig geblieben. Noch heute wird den Kindern, die nach Meinung ihrer Eltern unartig waren, nicht etwa mit dem Teufel, sondern mit den Türken gedroht.

In den Jahren nach 1627 wappneten sich die Menschen auf der Insel gegen neue Überfälle. Sie blieben aber aus und stattdessen beherrschte wieder der Kampf ums tägliche Brot, oder hier besser: um den täglichen Fisch, das Leben der Insulaner.

Am 23. Januar 1973 drohte ihnen eine ungleich größere Gefahr:

Der Vulkanausbruch von 1973

Als die Bewohner Heimaeys kurz nach Mitternacht durch lautes Poltern und Flammenschein erwachten, glaubten sie zunächst, ein Haus brenne. Doch schnell wurde Ihnen klar, daß hier die Feuerwehr nicht helfen konnte. Eine 1,5 km lange vulkanische Spalte hatte sich aufgetan, die östlich am alten Vulkan Helgafell entlang genau auf den Stadtrand zulief. Am frühen Morgen waren bereits fast alle Bewohner der Insel evakuiert, größtenteils auf den Fischkuttern, die wegen Sturms glücklicherweise fast alle im Hafen lagen. Nur Freiwillige blieben auf dem Festland oder wurden in staatliche Notquartiere gebracht.

Von den 20 Ausbruchsöffnungen der ersten Nacht blieb nur eine aktiv, weniger als 500m vom Stadtrand entfernt. Sie türmte bald einen über 200 m hohen Schlackenkegel auf — den neuen Kraterberg, den die Einheimischen **Kirkjufell** nannten. Die Regierung gab ihm später einen anderen offiziellen Namen: **Eldfell**, Feuerberg also.

Die Aktivität des Eldfell hielt über 5 Monate lang an: vom 23. Januar 1973 bis zum 26. Juni 1973. Während dieser Zeit blieb nicht nur die Bevölkerung evakuiert; nach und nach ging man auch daran, ihre gesamte persönliche Habe, ihr Mobiliar, ihre Kraftfahrzeuge und sogar den Maschinenpark der Fischverarbeitungsfabriken aufs Festland zu schaffen. Hierbei leisteten die in Keflavik stationierten Soldaten und Flugzeuge der USA eine wertvolle Hilfe.

Lava und Asche bedrohten die Stadt. Häuser wurden unter Lava begraben, Dächer stürzten unter der Aschenlast ein, glühende Lavabomben setzten Häuser in Brand. Freiwillige aus Heimaey und vom Festland blieben die ganze Zeit über im Ort, versuchten, zu retten, was nur irgend rettbar war. Die größte Bedrohung aber ging vom Lavastrom aus, der die Hafeneinfahrt zu versperren drohte.

Damit wäre die Zukunft der Insel besiegelt gewesen — ohne Hafen hätte hier kein Mensch mehr leben können. Die Isländer konnten nicht tatenlos zusehen — mit Feuerwehrspritzen und Wasserschläuchen, später auch mit Spezialrohren besprühten sie die 1100° heiße Lava mit Meerwasser, um sie abzukühlen, ihren Fluß zu verlangsamen, den Tod der Insel zu verhindern. Noch nie zuvor hatten Menschen auf diese zunächst wahnwitzig anmutende Art gegen glühendes Magma gekämpft. Der Lavastrom aber machte tatsächlich direkt an der Hafeneinfahrt Halt.

Das Endergebnis war sogar eine Verbesserung des Hafens. Neues Land, insgesamt 2,2 qkm wurde von der Lava geschaffen. Vor 1973 war die über 1 km lange Zufahrt zum Hafen nur noch im Norden durch die Berge Heimaklettur und Yztiklettur vor dem Wind geschützt; jetzt erhebt sich Land auch auf der gegenüberliegenden Seite und gewährt somit eine lange, geschützte Einfahrt, die man später als Hafen für größere Schiffe zu nutzen gedenkt.

Die Bewohner der Insel kehrten bald nach dem Ende des Ausbruchs nach Heimaey zurück. Junge Leute vom Festland ließen sich ebenfalls auf der Insel nieder, um beim Wiederaufbau zu helfen und viele von ihnen blieben. Viele Häuser im Osten der Stadt sind für immer unter Lava begraben, kaum ein Haus ist im übrigen Ort unbeschädigt geblieben. Doch der Wiederaufbau ist schon fast abgeschlossen, und im Westen der Stadt entsteht ein ganz neues Siedlungsgebiet. Spenden aus den skandinavischen und anderen Ländern haben die finanziellen Mittel bereitgestellt, die notwendig waren — daß Heimaey drei Jahre nach der Katastrophe aber schon wieder eine blühende Stadt war, ist vor allem dem Willen der Isländer zuzuschreiben, sich durch einen Vulkan nicht einschüchtern zu lassen.

Das Leben auf den Inseln

1971 hatte Heimaey, die einzige bewohnte unter den 15 größeren Inseln der Westmänner-Gruppe, 5 231 Einwohner, 1977 waren es knapp 5 000, also fast schon wieder soviel wie vor der Katastrophe. Ihre Existenz hängt ganz und gar von den Erträgen des Meeres ab; über 15 % des isländischen Fischaufkommens werden von den Westmännern erbracht. Dabei ist gerade in der Hauptfangzeit von Januar bis Ende

April die See um die Inseln rauh, **Windstärke** 12 ist keine Seltenheit, selbst Windstärke 17 wurde schon gemessen.

Auch zu Land geht es nicht immer ungefährlich zu. Die Insulaner sind leidenschaftliche **Vogelfänger**. Mit großen Catchern an langen Stangen ziehen sie wie monumentale Schmetterlingssammler im Juli und August auf und in die Felsen an der Küste und fangen die possierlichen Papageitaucher, die hier zu tausenden nisten. Gute Jäger erbeuten bis zu 1200 Tiere am Tag. Sie werden tiefgefroren, geräuchert oder gesalzen und sind für viele Isländer eine begehrte Delikatesse. Ausländern setzt man sie nicht ungefragt vor — also keine Angst vor einem Hotelessen in Heimaey!

Noch abenteuerlicher, wenn auch nur noch als Freizeitspaß ohne ökonomische Bedeutung betrieben, geht es beim Eierraub zu. An langen Tauen lassen sich Männer an den Kliffs und Felsen hinab und schwingen dann hin und her, um möglichst viele Nester zu errreichen. Gute **Eiersammler** galten auf den Westmännern immer als beliebte Ehemänner — kein Wunder also, daß vor allem junge Burschen immer wieder gern ihr Leben riskierten und riskieren.

Heute versucht man sich vor allem am **Nationalfeiertag** als Eiersammler. An den ersten Augusttagen jedes Jahres ziehen die Inselbewohner hinaus ins Herjólfsdal, um dort ihre Zelte aufzuschlagen und dann drei Tage lang ihren »**Thódhátid Vestmannaeyja**« zu feiern. Als 1874 ganz Island in Thingvellir zusammentraf, um das 1000-jährige Jubiläum der Besiedlung des Landes zu begehen, herrschte auf den Westmännern gerade Sturm. Man konnte nicht aufs Festland hinüber und beschloß so kurzerhand, eigene Feierlichkeiten zu veranstalten, bis auf den heutigen Tag.

Die Eiersammler sind nicht die einzige Attraktion bei diesem Fest. In der ersten Nacht wird auf der Fljósaklettur nahe dem Festplatz ein Freudenfeuer abgebrannt, die Dichter der Insel (von denen es immer etliche gibt) rezitieren aus ihren Werken, man singt, liebt, ißt und trinkt. Fremde sind herzlich willkommen.

Die Probleme des Alltags verlangen den Menschen auf Heimaey große Anstrengungen ab. Bis 1968 mußte auf der Insel das Regenwasser in Tonnen gesammelt werden, ehe dann eine **Trinkwasserleitung** vom Festland her verlegt wurde. Auch der elektrische Strom kommt durch das Meer herüber. Das Heizungsproblem half der Vulkanausbruch von

1973 lösen: man leitet jetzt Kaltwasser in Röhren in etwa 6 m Tiefe unter dem Lavafeld, das ja für lange Zeit noch nicht erkaltet, hindurch und führt es dann als Heißwasser den Heizkörpern in der Stadt zu. 1977 wurden so bereits ca. 40 Privathäuser und das Krankenhaus beheizt.

Besichtigung

Wer nur für einen Tag per Flugzeug herüberkommt, sollte im Reisebüro gleich eine Inselrundfahrt mitbuchen. Nutzen Sie auf jeden Fall die Möglichkeit, mit der ersten Maschine ein- und mit der letzten auszufliegen. Nur drei oder vier Stunden zu kommen, wird Ihnen immer leid tun. Wer länger Zeit hat, kann sich alles Sehenswerte gut in 2 Tagen erwandern.

Der **Flugplatz** liegt südwestlich des **Helgafell** (226 m), eines alten Vulkans, der schon vor ca. 5000 Jahren entstand. Wenige hundert Meter nordöstlich dieses erloschenen Feuerberges erhebt sich der noch weitgehend kahle neue Vulkan, der **Eldfell.** Ihn zu besteigen dauert vom Ortsrand aus etwa 45 Minuten. Im Norden, Osten und Südosten des Eldfell steigt noch immer Dampf aus der Lava, die an den meisten Stellen 5 cm unter der Oberfläche noch heiß ist.

Im **Hafen** herrscht rege Betriebsamkeit. Hier können Sie während der Saison ein Boot besteigen, um entweder nach Surtsey zu fahren (Dauer ca. 6 Stunden) oder eine außerordentlich lohnenswerte Rundfahrt entlang der **Vogelfelsen** und hinein in einige Grotten zu unternehmen. An Vögeln sind vor allem Papageientaucher, Trottellummen, Thordalken, Dreizehenmöwen, Mantelmöwen und Eiderenten zu sehen. Die schönste Grotte, oft mit der Blauen Grotte Capris verglichen, ist die **Kafhellir.**

Bei der Ausfahrt aus dem Hafen sehen Sie rechts einen grünen Fleck am Rande des neuen Lavafeldes: das **Fort Skanzin**, das um 1630 zum Schutz gegen Piratenüberfälle gebaut wurde. Die Ruinen sind äußerst kümmerlich.

Im Ort lohnt vor allem das Aquarium, ein Besuch, an das ein kleines Naturkundemuseum (1 Raum) angeschlossen ist.

Auch die höchste Erhebung der Inseln, der **Heimaklettur** (283 m), lohnt eine Besteigung. Sein Hang war nach 1973 über und über mit Asche bedeckt, die die Insulaner in mühevoller Handarbeit abtrugen, um das grüne Gras wieder hervorleuchten zu lassen. Die beiden Berge westlich vom Heimaklettur heißen Klif und **Blátindur.** Südlich vom Blátindur liegt das **Herjólfsdal**, in dem alljährlich der Nationalfeiertag begangen wird.

Eindrucksvoll ist auch ein Besuch auf dem **Friedhof,** der ja 1973 auch unter Asche begraben lag. Dort steht auch die **Landskirkja,** eine der ältesten Steinkirchen Islands (1774-78).

An 3 Häusern in der Stadt finden Sie bemalte **Fassaden:** Initiative eines Lehrers, gemalt von zwölfjährigen Schülern.

In Heimaey gibt es ein gutes, ganzjährig geöffnetes **Hotel,** das während des Ausbruchs von 1973 als Hospital genutzt wurde. Campingmöglichkeiten sind vorhanden. Vom Büro der ICELANDAIR fährt ein kostenloser Bus zum Flugplatz, das Check-in muß im Stadtbüro von ICELANDAIR vorgenommen werden.

Surtsey

1963 hatten die Westmänner-Inseln schon einmal einen Vulkanausbruch erlebt. Er begann am 14. November und schuf in fast dreijähriger Tätigkeit die neue Insel Surtsey.

130 m unter der Wasseroberfläche öffnete sich der Meeresboden und heraus sprühte schwarzbraune Asche, die sich am folgenden Tag schon zu einer 10 m hohen und 550 m langen Insel aufgetürmt hatte. Weitere 24 Stunden später ragte das neue Land 140 m hoch aus dem Meer empor und noch immer wuchs die Insel. Zwei kleinere Eilande entstanden neben Surtsey — **Juley** und **Syrtlingur** — gingen aber bald wieder unter. Surtsey blieb, vor allem deshalb, weil sich hier Anfang 1964 ein Krater gebildet hatte, der die Aktivität des Meeresbodens übernahm und 1100-1200° heiße **Lava** ausspie, die den Kräften des Windes und des Meeres besser widerstehen konnten als die zuvor nur angehäufte Asche.

Als im Juni 1967 Surtur, der Feuergott, nach dem die neue Insel ihren Namen trägt, seine Arbeit einstellte, hatte er Island 2,8 qkm neues Territorium geschenkt. Da nach 1969 Prozesse einsetzten, die die Asche in härteres Gestein umwandeln, erscheint die Zukunft Surtseys gesichert.

Wissenschaftlern der verschiedensten Sparten ist Surtsey ein einzigartiges Forschungsobjekt, hier die Möglichkeit zu studieren, wie sich Leben auf dem neuen Land ansiedelt.

Um die Arbeit der Forscher nicht zu gefährden, ist das Betreten Surtseys nur mit einer Sondergenehmigung gestattet, die fast nie erteilt wird. Aber sie haben die Möglichkeit zu einer Bootsrundfahrt ab Heimaey (natürlich nur bei sehr gutem Wetter) oder — noch besser — zu einem **Aussichtsflug** über Surtsey von Reykjavík aus.

E
EIN TOURIST AUF ISLAND

1. Die Sprache

Das Isländische ist wie das Norwegische, Dänische und Schwedische eine **nordgermanische Sprache.** Anders als diese hat es sich aber in den letzten tausend Jahren kaum verändert, so daß die Isländer noch heute ohne Schwierigkeiten lesen können, was ihre Wiking-Vorfahren vor über siebenhundert Jahren geschrieben haben. Für diese **Stabilität** lassen sich verschiedene Ursachen angeben: das Fehlen von Dialekten, die isolierte Lage der Insel, die geringe Einwohnerzahl.

Heute ist man sich des besonderen Wertes der altüberlieferten Sprache bewußt und versucht, **Fremdwörter** zu vermeiden, wo immer es geht. Müssen für neue Begriffe neue Wörter eingeführt werden, wählt man dazu Zusammensetzungen aus schon vorhandenen Vokabeln.

Das Isländische ist nur schwer zu erlernen und Isländer erwarten es eigentlich auch nicht von ihren Gästen. Statt dessen eignen sie sich selber **Fremdsprachenkenntnisse** an. Heute muß jeder Volksschüler während seiner Schulzeit Dänisch, Englisch und ein wenig Deutsch lernen; wer länger zur Schule geht, auch noch Französisch oder Spanisch und Latein. So kann auch der Tourist darauf rechnen, immer Menschen zu begegnen, mit denen er sich verständigen kann. Sie werden in dieser Beziehung auf keine größeren Schwierigkeiten stoßen, vor allem, wenn Sie englisch sprechen.

Damit sie aber einen kleinen Eindruck von der Sprache erhalten, finden Sie auf den nächsten Seiten einige der wichtigsten **Vokabeln.** Sie werden Ihnen auch helfen, falls tatsächlich einmal kein „Fremdsprachenkundiger" in der Nähe ist. Einige Bemerkungen müssen noch vorausgeschickt werden:

Zur Schreibweise: Das Isländische kennt drei Buchstaben, die das Deutsche nicht aufweist. Es sind dies þ, ð und æ. In diesem Reiseführer sind sie, wie allgemein üblich, durch 'th', 'd' und 'ae' umschrieben.

Zur Bedeutung des Akzents: Durch Akzent gekennzeichnete Vokale werden anders ausgesprochen als solche ohne

Akzent. Der Akzent hat aber keine Bedeutung für die Betonung des Wortes.

Zur Betonung: Die Betonung liegt immer auf der ersten Silbe.

Das Wichtigste zur Aussprache: Die Aussprache des Isländischen ist recht kompliziert. Man kann sie eigentlich nur annähernd erlernen, wenn man steten Umgang mit Isländern pflegt. Damit Sie aber dennoch so gut wie möglich zurechtkommen, müßten Sie folgendes wissen:

— ae   wird wie — ai ausgesprochen (wie in Laib)
— á   wird wie — au ausgesprochen (wie in Maus)
— au   wird wie — öi ausgesprochen (wie in Feuilleton)
— é   wird wie — jä ausgesprochen (wie in 'jäh')
— ei   nicht wie deutsch 'ei', sondern wie englisch 'way'
— y   steht oft statt — i und wird ebenso ausgesprochen
— þ (th)   wie ein stimmloses 'th' im Englischen ('thank')
— ð (d)   wie ein stimmhaftes 'th' im Englischen ('mother')

Zur Grammatik: Das Isländische kennt wie das Deutsche drei Geschlechter. Der bestimmte Artikel wird in den meisten Fällen an das Hauptwort angehängt (z. B. 'Borgin' = 'Die Stadt' — borg = Stadt, -in = die).

Allgemeines

ja — nein	já — nei
bitte sehr	gerid svo vel
danke	takk
deutsch	thýzkur
englisch	enskur
isländisch	íslenzkur
Deutschland	Thýzkaland
Österreich	Austurríki
Schweiz	Sviss
ich spreche kein . . .	ég tala ekki

Begegnung

guten Tag	gódan dag
guten Abend	gott kvöld
gute Nacht	góda nótt
Auf Wiedersehen	bless

Berufe und Geschäfte

Apotheke	apótek	Reisebüro	Ferdaskrifstofa
Arzt	laeknir	Schuhmacher	skósmidur
Bäcker	bakari	Wäscherei	thvottahús
Goldschmied	gullsmidur	Zahnarzt	tannlanknir
Metzger	slátrari		

Zahlen

1	einn, ein, eitt	18	átjan
2	tveir, tvaer, tvö	19	nítján
3	thrír, thrjá, thrjú	20	tuttugu
4	fjórir, fjórar, fjögur	21	tuttugu og einn
5	fimm	30	thrjátíu
6	sex	40	fjörutíu
7	sjö	50	fimmtíu
8	átta	60	sextíu
9	níu	70	sjötíu
10	tíu	80	áttatíu
11	ellefu	90	níutíu
12	tólf	100	hundrad
13	threttán	101	hundrad og einn
14	fjórtán	200	tvö hundrad
15	fimmtán	1000	thúsund
16	sextán	2000	tvö thúsund
17	sautján	1 000 000	milljón

Wochentage

Montag	mánudagur	Freitag	föstudagur
Dienstag	thridjudagur	Samstag	laugardagur
Mittwoch	midvikudagur	Sonntag	sunnudagur
Donnerstag	fimmtudagur		

Monate

Januar	janúar	Juli	júli
Februar	febrár	August	ágúst
März	marz	September	september
April	apríl	Oktober	október
Mai	maí	November	nóvember
Juni	júni	Dezember	desember

Auto

abschleppen	draga	kontrollieren	prófa
abschmieren	smyrja	nachfüllen	fylla
aufladen	hlada	nachsehen	líta á
einstellen	stilla	reinigen	hreinsa
erneuern	skipta um	Kugellager	kúlulega
Achse	öxull	Kupplung	kúpling
Anlasser	raesir	Kurbelwelle	sveifarás
Batterie	rafgeymir	Lenkung	stýrisútbúnadur
Bremse	hemill	Motor	vél
Ersatzteil	varahluti	Öl	olía
Gang	gír	Schraube	skrúfa
Gaspedal	bensíngjafi	Stoßdämpfer	hoggdeyfir
Getriebe	drifhjól	Vergaser	blöndungur
Hupe	flauta		

Speisekarte → Abschnitt E

Postwesen

Ansichtskarte	bréfspjald	Telefon	sími
Brief	bréf	Telefonbuch	símskrá
Briefmarke	frímerki	Telegramm	símskeyti
Paket	bögull		

Aus Landkarten und Stadtplänen

á (pl.: ár)	Fluß	jökull	Gletscher
baer	Gehöft	kirkja	Kirche
borg	Stadt	klettur	Felsen
dalur (pl.: dalir)	Tal	laug	warme Quelle
ey (pl.: eyrar)	Insel	nes	Landzunge
eyri	flaches Ufer	núpur	Bergspitze
fell	Berg	reyk	Rauch
fjall (pl.: fjöll)	Berg	sandur	Sander
fjördur	Fjord	skard	Paß
flói	Bucht	skógur	Wald
foss (pl.: fossar)	Wasserfall	slétta	Ebene
gjá	Spalte	stadur	Stadt
heidi	Hochebene	straeti	Straße
hellir	Höhle	strönd	Küste
hnúkur	Bergspitze	sýsla	Bezirk
höfn	Hafen	vatn	See
hóll	Hügel	vegur	Weg
holt	Hügel	vík	Bucht
hraun	Lava	vollur	Ebene, Platz
goshver	Geysir		

2. Die Unterkunft

In fast jeder isländischen Ortschaft werden Sie ein Hotel vorfinden. Freilich können Sie nicht immer den gleichen Komfort wie in Reykjavík oder Akureyri erwarten und manches, was sich Hotel nennt, ähnelt mehr einer kleinen Privatpension, doch herrscht überall peinliche Sauberkeit.

Das Staatliche Fremdenverkehrsamt gibt jedes Jahr ein **Verzeichnis** ausgewählter Hotels heraus, das Angaben über Preise und Öffnungszeiten enthält. Sie können es auch über die ICELANDAIR beziehen.

Sommerhotels sind darin aufgenommen. Sie unterscheiden sich in gebotener Leistung und im Preis nur selten von normalen Hotels, liegen dafür aber meist fernab der „Städte" in besonders schönen Landschaften. Während des Schuljahres dienen viele von ihnen als Internat, in den Großen Ferien werden sie dann zur Unterbringung von Touristen benutzt. Eine Reihe dieser Sommerhotels wird vom Staat unter dem Namen **'Edda-Hotels'** betrieben (eine Karte der Edda-Hotels finden Sie auf der nächsten Seite).

Vorausbuchungen empfehlen sich für alle Hotels, da sie, wenn eine Reisegesellschaft eintrifft, meist dadurch schon voll belegt sind.

Hütten

Schutz- und Touristenhütten gibt es überall auf der Insel, vor allem aber im Zentralen Hochland. Sie bieten zwar nicht allzuviel Bequemlichkeiten, sind jedoch in weiten Gebieten oft die einzige Möglichkeit, überhaupt unter einem festen Dach zu übernachten.

Die **Touristenhütten** des isländischen Touristenvereins sind mit Betten, Matratzen und einer Küche ausgerüstet und stehen an landschaftlich besonders schönen Stellen im Hochland. Meist ist nur im Juli und August ein Hüttenwart anwesend, der den Reisenden dann ihren Schlafplatz zuweist, Fragen beantwortet und eine kleine Gebühr abnimmt. Wenn Sie in seiner Abwesenheit übernachten, sollten Sie anschließend ins Büro des Ferdafélag nach Reykjavík kommen und dort bezahlen. Wichtig zu sagen ist noch, daß die Sauberkeit der Hütten in den Händen der Gäste liegt.

Die **Schutzhütten** erkennen Sie an ihrem orangefarbigen Anstrich. Sie wurden ursprünglich errichtet, um gestrandeten Fischern und in Not gekommenen Reisenden als Zuflucht zu dienen, dürfen jetzt aber auch von Touristen zur Übernachtung benutzt werden. Sie sind mit einem Ofen, Petroleumlampen, Sitzbank, Tisch, Regalen und manchmal auch mit Telefon ausgerüstet. Außerdem sollen immer Kohlen- und Lebensmittelvorräte bereit liegen, die aber nur in echten Notsituationen in Anspruch genommen werden dürfen. — Hütten dieser Art stehen nicht nur im Hochland, sondern auch an vielen hochgelegenen Hauptstraßen. Ihre Benutzung ist kostenlos.

Eine Reihe anderer, von verschiedenen Institutionen aufgestellte Schutzunterkünfte kommen für den Touristen nicht in Frage; sie dienen beispielsweise den Bauern als Obdach beim Schafabtrieb.

Schlafsack-Lager

Für den, der mit eigenem Schlafsack reist, gibt es eine andere billige Übernachtungsmöglichkeit: er kann sich in vielen Sommerhotels und anderen dafür eingerichteten Häusern in größeren Schlafsälen niederlegen.

Jugendherbergen

Die isländischen Jugendherbergen sind recht gemütlich, doch gibt es leider im ganzen Land nur sechs davon. Wer in einem ihrer 225 Betten übernachten will, muß sich für Juli und August frühzeitig **anmelden:** entweder direkt bei den einzelnen Herbergen oder bei der Zentrale in Reykjavík.

Bandalag Islenzkra Farfugla, Reykjavík, Laufasvegur 41

Jugendherbergen gibt es in Akureyri, Reykjavík (2), Berunes, auf den Westmänner-Inseln und im Fljótsdalur. Sie sind größtenteils nur während der Sommermonate geöffnet.

Ein **Verzeichnis** aller Jugendherbergen und einiger Schlafsacklager gibt der Isländische Jugendherbergsverband jährlich heraus. Sie bekommen es von ICELANDAIR.

Camping

Camping macht auch auf Island Spaß, sofern man sich auf die kühleren **Temperaturen** entsprechend eingerichtet hat. Wegen des häufigen Regens sollte man auf jeden Fall ein Zelt mit Überdach besitzen, besser noch ist ein Campingbus.

Dennoch: Ihr Zelt dürfen Sie überall in Island aufschlagen, mit Ausnahme der Nationalparks Thingvellir und Skaftafell sowie des Waldes von Hallormstadur. In diesen Gebieten ist es nur an bestimmten, gekennzeichneten Stellen erlaubt. In der Nähe von Dörfern und Gehöften empfiehlt es sich, den betreffenden Bauern um Erlaubnis zu bitten — der Form wegen.

Auf ganz Island gibt es nur einen **bewachten Campingplatz,** den in Akureyri. Er ist ebenso wie der in Húsafell kostenpflichtig, alle anderen können kostenlos benutzt werden.

Da Island in keinem Campingführer erscheint und auch ein entsprechendes **Verzeichnis** in den Prospekten fehlt, seien hier empfehlenswerte Plätze genannt, die alle über gute sa-

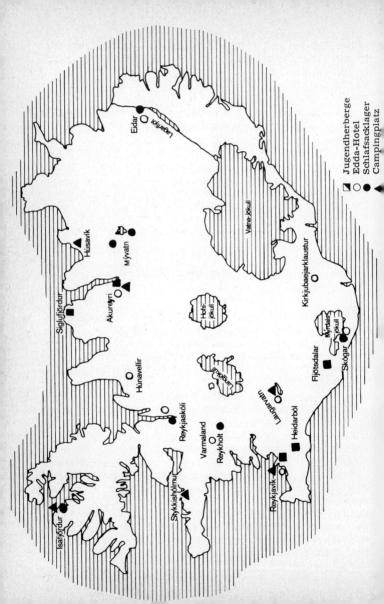

nitäre Anlagen und fließend Wasser verfügen: Húsavík, Isafjördur, Laugarvatn, Reykjavík, Stykkishólmur. Daneben gibt es eine Vielzahl anderer Plätze, denen aber ihrer noch unzureichenden sanitären Anlagen wegen die freie Natur vorzuziehen ist (Diese Situation soll bald geändert werden).

Das isländische Wort für 'Zeltplatz' ist TJALDSTAEDI; **Hinweisschilder** tragen diese Aufschrift.

Wenn Sie Ihren eigenen **Kocher** mitnehmen möchten, sollten Sie folgendes bedenken: auf Island ist das PRIMUS-System weit verbreitet. Für CAMPINGGAZ-Geräte können Sie nur Kartuschen nachkaufen. Spiritus wird wie Alkohol versteuert, das heißt, er kostet etwa achtmal so viel wie in Deutschland. Er ist nur in Apotheken erhältlich und darf an Einheimische nur in kleinen Mengen verkauft werden, da er eine beliebte Zugabe zum Branntwein darstellt.

3. Vom Essen und Trinken

Speisen . . .

Isländische **Restaurants** muß man in zwei Kategorien einteilen: die in Reykjavík und die außerhalb der Hauptstadt. In Reykjavík wird kein Geschmack zu kurz kommen, selbst chinesische Spezialitäten werden angeboten. Im übrigen Land gibt es entweder Selbstbedienungsrestaurants, die meist nur einfachere Speisen ausgeben und dann die kleinen Hotels, in denen oft jeweils nur ein Gericht angeboten wird.

Schaf, Lamm und Fisch in jeder Variation beherrschen die Speisekarten. Dazu gehören meist Gemüse und Kartoffeln. Schweine- und Rindfleisch sind nicht überall erhältlich und sind auch verhältnismäßig teuer.

Mutige sollten es nicht versäumen, zwei **isländische Spezialitäten** zu kosten: Reyngi und Hákarl. **Reyngi** ist Fleisch vom Walschwanz, das in saurer Milch eingelegt wurde und recht gut, wenn auch etwas befremdlich schmeckt. **Hákarl** ist **Haifischfleisch**, das für mehrere Monate in der Erde vergraben wurde und, wenn es dann auf den Tisch kommt, nicht nur unbeschreibliche Gerüche verbreitet, sondern dazu noch ziemlich ätzend schmeckt.

Andere **Nationalgerichte** werden da schon eher ihre Liebhaber finden, beispielsweise diese:

Lundi	Papageientaucher
Fiskbollur	Klöße aus Kartoffelmehl, Fisch und Gewürzen
Plokkfiskur m. seyddu rúgbraudi	ein heller Brei aus Kartoffeln, Kochfisch und einer scharf gewürzten Sauce — unserem norddeutschen Labskaus verwandt
Skýr	ein Nachtisch, ähnlich unserem Yoghurt.

Zum **Frühstück** wird meist Weißbrot oder Brötchen gereicht, zur **Kaffeezeit** sind bunt belegte Sandwiches und kleine Kuchen sehr beliebt.

Das **Lebensmittelangebot** in den Geschäften ist reichhaltig, wenn es auch meist aus Konserven besteht. Frisches Obst und Gemüse ist vor allem in größeren Orten leicht zu bekommen, da es ja in zahlreichen Treibhäusern im eigenen Land geerntet werden kann. Die Preise dafür sind allerdings weitaus höher als bei uns. Käse- und Wurstwaren sind nur in geringer Auswahl vorhanden; man sollte sie, soweit möglich, in Reykjavík kaufen.

. . . und Getränke

Das Nationalgetränk der Isländer ist **Kaffee.** Er ist immer billig und wird nur in Kännchen serviert, die manchmal pro Person bis zu fünf Tassen enthalten. Oft sind die Kännchen Thermosflaschen, damit der Kaffee länger heiß bleibt.

Alkoholische Getränke dürfen nur in lizensierten Hotels bzw. Restaurants und in den staatlichen Alkoholverkaufsstellen ausgegeben werden. Da man diese Lizenzen nicht gerade großzügig verteilt hat, erhalten Sie in der Mehrzahl der Hotels keine 'scharfen' Getränke.

Übrigens wird auch **Bier** dazu gerechnet, zum Leidwesen aller Isländer. Überall erhältlich ist hingegen eine bestimmte Art von Limonade, die vollkommen zu Unrecht den Namen 'Bier' („öl") tragen darf. Malzextrakt enthält etwas mehr Alkohol.

Vielleicht ist das Fehlen eines guten Biers der Grund dafür, daß das auf Island fehlt, was man bei uns als **'Kneipe'** bezeichnen würde.

Wasser hingegen kann aus allen Leitungen und klaren Flüssen völlig ohne Bedenken getrunken werden. Die Isländer rühmen sich des reinsten Wassers der Welt!

Essenszeiten

Frühstück:	8 — 9 Uhr
Mittag:	12 — 13 Uhr
Kaffee:	15 — 16 Uhr
Abend:	19 — 20 Uhr

Die Speisekarte

Abschließend nun noch ein kleiner Führer durch isländische Speisekarten:

Eierspeisen

eggjahraera	sodin egg	Rührei	gekochtes Ei
eggjakaka	spaeld egg	Omelette	Spiegelei

Fisch

áll	Aal	síld	Forelle
karfi	Rotbarsch	silungur	Kabeljau
lax	Lachs	thorskur	Thunfisch
lodna	Kapelan	túnfiskur	Seelachs
raekja	Garnele	ufsi	Scholle
raudspretta	Hering	ýsa	Schellfisch

Fleisch

bauti	Steak	lambakjöt	Lammfleisch
gúllas	Gulasch	nautakjöt	Rindfleisch
kálfakjöt	Kalbsfleisch	snitsel	Schnitzel
kindakjöt	Hammelfleisch	svínakjöt	Schweinefleisch

Kartoffeln

franskar kartöflur	Pommes frites
kartöflumús	Kartoffelpüree
sodnar kartöflur	Salzkartoffeln
steiktar kartöflur	Bratkartoffeln

Gemüse

baunir	Erbsen	snittubaunur	Schnittbohnen
blómkál	Blumenkohl	spergill	Spargel
gulraetur	Karotten	spínat	Spinat
raudkál	Rotkohl	súrkál	Sauerkraut

Obst

ananas	Ananas	ferskja	Pfirsich
appelsina	Apfelsine	jardarber	Erdbeeren
banani	Banane	kirsuber	Kirschen
bláber	Blaubeeren	pera	Birne
epli	Apfel	vínber	Weintrauben

Getränke

gosdrykkur	Limonade	Saft	safi
kaffi	Kaffee	Sodawasser	sódavatn
kakó	Kakao	Tee	te
mjólk	Milch	Wasser	vatn
öl	Bier		

4. Sport und Unterhaltung

Dem sportlichen Urlauber bietet Island viele Möglichkeiten. Wer **wandern** möchte, kann es auf eigene Faust tun oder sich geführten Wanderungen anschließen, wie sie beispielsweise vom isländischen Jugendherbergswerk angeboten werden. Ein besonderes Erlebnis ist es, einen der vielen Gletscher zu überqueren, wozu allerdings gute Kondition, geeignete Ausrüstung und ein einheimischer Führer unerläßlich sind.

Angler werden sich in Island wie im Paradies fühlen. In den noch gänzlich unverschmutzten Flüssen wimmelt es von Lachsen und Forellen, die am liebsten im August anbeißen. Gestattet ist der Fang dieser Fische in der Regel zwischen April und September (Forellen) bzw. zwischen Ende Mai und September (Lachse). Bei solch ergiebigen Fanggründen nimmt großer Andrang von Petrijüngern nicht Wunder, die aber nur dann Aussicht auf einen Erlaubnisschein haben, wenn sie sich rechtzeitig anmelden. Die isländischen Behörden geben auf die Hege der Fischbestände sehr acht, so daß immer nur wenige Angler pro Gewässer zugelassen werden. Wenn Sie dabei sein wollen, schreiben Sie an eine dieser Anschriften:

    Ideal Fishing h. f., Reykjavík, Skólavördustígur 45
    Iceland Salmon Sport, Reykjavík, Box 7012
    Kristján Fjeldsted, Ferjukot, Borgarfjördur
    The Salmon Fishing Club STRENGUR, Reykjavík, Box 5261

Natürlich können Sie auch an einer speziellen Anglerreise ab Deutschland teilnehmen, die zum Beispiel von der Firma INTERAIR veranstaltet werden. Auskünfte erteilt Ihnen jedes Reisebüro.

In einigen Küstenorten (z. B. Patreksfjördur und Reykjavík) und auf den Westmänner-Inseln werden ab und zu auch Ausfahrten zum **Hochseeangeln** angeboten. Falls Sie Interesse daran haben, informieren Sie die isländischen Reisebüros.

Auch die Bewohner des Landes begeben sich gern ins nasse Element. **Schwimmen** ist Nationalsport, der in jeder Jahreszeit im Freien ausgeübt werden kann. Die zahlreichen heißen Quellen liefern das Wasser für all die Freibäder, die selbst in den kleinsten Ortschaften zu finden sind.

Wer statt ins Wasser lieber in die Luft geht, hat auch dazu Gelegenheit. **Segelflieger** finden entsprechende Clubs in Sandskeid bei Reykjavík und in der Nähe Akureyris. Sie sollten sich aber auf jeden Fall schon vor Urlaubsantritt mit dem isländischen Segelfliegerverein in Verbindung setzen:

Icelandic Gliding Club, Reykjavík

Bis vor wenigen Jahrzehnten waren **Pferde** für die Insel lebenswichtig, stellten sie doch das einzige Transportmittel dar. Heute übernehmen Autos, Flugzeuge und Frachtschiffe diese Aufgabe, die Pferde dienen nur noch dem Vergnügen. Und ein Vergnügen ist es, auf dem Rücken eines Island-Ponies zu sitzen! Es ist auch für Unerfahrene gar nicht so schwer.

Der **Golfsport** ist nicht sehr weit verbreitet, doch stehen die vorhandenen Plätze allen Gästen offen. Beliebter ist das **Schachspiel,** das viele beherrschen. Als 1972 die Weltmeisterschaftskämpfe zwischen Bobby Fischer und Boris Spassky in Reykjavík ausgetragen wurden, befand sich das ganze Land wochenlang im Schachfieber.

Fußball, Handball und Leichtathletik haben viele Anhänger. Die einzige Sportart, die nur auf Island zuhause ist, ist das **Glíma,** eine besondere Art des Ringkampfes, dessen Tradition bis auf die ersten Siedler zurückgeht. Heute kann man Glíma-Vorführungen noch an manchen Sonntagen im Volksmuseum Árbaer bei Reykjavík verfolgen.

Die **Wintersportmöglichkeiten** sind auf Island nicht so gut, wie man auf grund der nördlichen Lage der Insel vielleicht annehmen könnte. Haupthindernis sind die schlechten Lichtbedingungen, so daß im allgemeinen die Skisaison erst mit den länger werdenden Tagen im März einsetzt. Sie endet dann im Mai. Im Kerlingarfjöll in Zentralisland wird von Juni bis August eine **Skischule** unterhalten, an deren Kursen auch oft ausländische Gäste teilnehmen. Hier die Adresse:

Fannborg Ltd., Reykjavík, Box 5086

Bemerkenswert ist vielleicht noch, daß der **Boxsport** in Island durch Gesetz verboten ist!

5. Die Anreise

Island ist auf dem **Luftweg** einfach zu erreichen. Das ganze Jahr über besteht eine tägliche Flugverbindung zwischen Luxemburg und Reykjavík. Mehrmals wöchentlich verkehrt eine Maschine der LOFTLEIDIR ICELANDIC zwischen London und Island mit guten Anschlußverbindungen aus Deutschland. Ein kostenloser Zwischenaufenthalt in der britischen Hauptstadt kann dabei eingelegt werden.

In der Ferienzeit (ca. Juli/Aug.) setzt die isländische Fluggesellschaft außerdem je einmal wöchentlich eine direkte Maschine zwischen Frankfurt sowie Düsseldorf und Reykjavík ein. Reisende aus Österreich und der Schweiz müssen immer entweder über Deutschland oder London fliegen.

Neuerdings gibt es auch preiswerte Charterflüge ab Deutschland in den Sommermonaten mit EAGLE AIR. Auskunft darüber erteilen insbesondere Jugend- und Studentenreisebüros. Sondertarife bietet auch ICELANDAIR, darüber weiß jedes Reisebüro Bescheid.

Island auf dem **Seeweg** zu erreichen, ist höchst umständlich, vor allem, wenn Sie auch noch Ihr Auto mitnehmen wollen. Frachter der isländischen Dampfschiffahrtsgesellschaft (Eimskip) verkehren regelmäßig zwischen Hamburg, Rotterdam, Koppenhagen, Felixstowe in Großbritannien und Reykjavík, die eine begrenzte Anzahl von Passagieren befördern können. Hierfür ist jedoch Buchung mindestens ein halbes Jahr im voraus notwendig, besser noch früher.

Außerdem sei auf das auf den Faroer-Inseln beheimatete Fährschiff „SMYRILL" hingewiesen, das Sie und Ihr Auto von Bergen in Norwegen über die Faroer nach Seydisfjördur in Island bringen kann; für den Rückweg müßten Sie dieses eigenartige Schiff von Seydisfjördur nach Srabster in Schottland benutzen.

Auskünfte über die „SMYRILL":
Faroeship, Kalkbraenderiløbskaj, 2100 Kopenhagen

Auskünfte über die Frachter:
H/F Eimskipafélag Islands c/o Theodor & F. Eimbcke,
Raboisen 5—13, 2000 Hamburg 1
Adressen der LOFTLEIDIR-ICELANDIC-Büros → S. 192.

So wie hier an Bord der **Gullfoss** werden in Island auf alle Fähren und Schiffe die Autos verladen — Nervenkitzel für die bangenden Besitzer.

Papiere

Bei einem Aufenthalt bis zu drei Monaten benötigen Bürger der Bundesrepublik lediglich ihren Personalausweis, Schweizer und Österreicher ihren Reisepaß. Für einen längeren Aufenthalt ist ein Visum erforderlich.

Für **Autos** wird kein Triptik oder Carnet de Passage verlangt. Die grüne Versicherungskarte wird auf Island neuerdings anerkannt. Der Fahrer des Wagens muß im Besitz eines internationalen Führerscheins sein. Vorübergehend eingeführte Kraftfahrzeuge sind bis zu einem halben Jahr von der Steuer befreit.

Diplomatische und konsularische Vertretungen

Island in Deutschland

Botschaft:	Bonn-Bad Godesberg, Kronprinzenstraße 6
Konsulate:	Berlin 51, Alt-Reinickendorf 28-29
	Bremerhaven, Hochseestraße 1
	Cuxhaven, Leuchtturmweg 5
	Düsseldorf, Grafenberger Allee 325
	Elmshorn, Westerstraße
	Frankfurt/M., Goetheplatz 7
	Hamburg 1, Raboisen 5-13
	Hannover, Engelbosteler Damm 72
	Köln-Rodenkirchen, Zyklopstraße
	Lübeck 1, Körnerstraße 18
	München 80, Mühldorfstraße 15
	Stuttgart, Westbahnhof 79-81

Deutschland auf Island

Botschaft:	Reykjavík, Túngata 18
Konsulate:	Akureyri, Hafnarstraeti 90
	Hella, Thrúdvangur 8
	Isafjördur, Hlídarvegur 43
	Patreksfjördur, Urdargata 2
	Seydisfjördur, Túngata 12
	Vestmannaeyjar, Faxastígur 1

Island in Österreich

Konsulat:	Wien (Ernennung eines Konsuls erfolgt 1973)

Österreich auf Island

Konsulat:	Reykjavík, Austurstraeti 17

Island in der Schweiz

Konsulate:	Bern, Belpstraße 23
	Genf, 16 Rue de Marché
	Zürich, Talacker 42

Die Schweiz auf Island

Konsulat:	Reykjavík, Austurstraeti 6

Zollbestimmungen

Für den Touristen bestehen in dieser Beziehung eigentlich keine Beschränkungen. Persönliche Gebrauchsgegenstände für den Urlaub sind zollfrei. Wer älter als 20 Jahre ist, darf außerdem 1 Liter Alkohol (bis zu 47% Stärke) und 1 Liter Wein (unter 21 %) einführen. Jeder Tourist über 16 darf zudem 200 Zigaretten oder 250 g Tabak mitbringen.

Nicht eingeführt werden dürfen: Bier, ungekochte Fleischprodukte, Eier, Mastvögel, Butter, Schußwaffen und Haustiere. Radio- und Fernsehgeräte müssen bei der Einreise deklariert werden.

Wiedereinreise in die Bundesrepublik

Zollfrei sind Reisemitbringsel in folgenden Mengen:

Tabakwaren (für Personen über 15 Jahre):
100 Zigaretten oder 50 Zigarillos oder 50 Zigarren oder 250 g Tabak.
Alkoholische Getränke (für Personen über 15 Jahre):
2 l Wein und 2 l Schaumwein oder Likörwein oder 2 l Spirituosen von mehr als 22 %.
Parfüms 50 g und Toilettenwasser 1/4 l.
Tee und Kaffee (für Personen über 15 Jahre):
100 g Tee oder 40 g Teeauszüge und 250 g Kaffee (aus EWG-Ländern 750 g) oder 100 g Kaffeeauszüge (aus EWG-Ländern 300 g).
Sonstige Waren im Gesamtwert von 100 DM und Waren aus EWG-Ländern bis zu einem Gesamtwert von 460 DM. Bei einer Einfuhr von beiderlei Arten darf der Gesamtwert 460 DM nicht überschreiten.

Zollfreier Einkauf

Der Duty-free-Shop in Keflavík, dem internationalen Flughafen Islands, ist immer **zur Ankunft und zum Abflug** von Maschinen geöffnet. Sie können auch noch bei der Ankunft in Island zollfrei einkaufen! Sehr viel größer ist jedoch das Angebot an Waren, das Ihnen dann beim Abflug zur Verfügung steht.

Isländische Devisenbestimmungen

Ausländische Zahlungsmittel dürfen in beliebiger Höhe ein- und ausgeführt werden. An isländischem Geld dürfen Sie sowohl bei der Ankunft als auch bei der Abreise höchstens 500 Kr. bei sich tragen, wobei der Wert der einzelnen Banknoten 50 Kr. nicht überschreiten darf.

Zu Ihrer eigenen Beruhigung

Erkundigen Sie sich bei Ihrer Krankenkasse, inwieweit sie Ihnen bei einem Krankheitsfall auf Island hilft und/oder schließen Sie eine **Versicherung** speziell für die Reise ab.

Sind Sie an bestimmte **Medikamente** gewöhnt, nehmen Sie sich der Einfachheit halber genügend davon mit. Im übrigen sind die Apotheken auf Island gut bestückt und eine ausreichende ärztliche Versorgung ist gewährleistet.

Es wäre ratsam, sich **Kosmetikartikel** von zuhause mitzubringen, da sie auf Island recht teuer sind.

Halten Sie Ihr Gepäck klein, schließen Sie aber trotzdem eine **Gepäckversicherung** ab; es läßt sich beruhigter etwas verlieren.

Falls Sie Ihren eigenen **Wagen** mitnehmen, sollten Sie sich auf die besonderen Verkehrsverhältnisse einstellen. Gut gefüllte Werkzeugkisten sind unerläßlich. Reparaturwerkstätten gibt es zwar in vielen Orten an der Küste; falls aber einmal fernab jeder Siedlung ein Defekt an Ihrem Auto auftritt und Sie selbst nicht allzu geschickt im Gebrauch Ihres Werkzeugs sind, findet sich bestimmt schnell ein hilfsbereiter Isländer.

In Island werden Fabrikate aus aller Herren Länder gefahren, besonders beliebt sind Landrover und Volkswagen. Wenn Sie einen anderen Wagentyp besitzen, empfiehlt es sich, kleinere, aber notwendige **Ersatzteile** wie Dichtungen, Glühbirnen und Keilriemen mitzubringen. Außerdem sollte in Ihrer Ausrüstung ein kleiner Luftdruckmesser Platz finden, da es diese nur an wenigen Tankstellen gibt.

Für die Überfahrt auf der Fähre wäre es ratsam, eine **Fährversicherung** für Ihr Fahrzeug abzuschließen, da die Reedereien bei Schiffsunglücken und Verladefehlern keinerlei Haftung für Ihr Auto übernehmen. Jeder Automobilclub vermittelt Ihnen den notwendigen Versicherungsschutz.

Die **Kleidung** sollte dem isländischen Klima entsprechen. Die Temperaturen im Sommer übersteigen eigentlich nie 20°, die Nächte sind meist sehr kalt. Außerdem weht fast immer ein kühler Wind. Es sollten also bevorzugt warme Kleidungsstücke mitgebracht werden. Unerläßlich ist Regenzeug und gutes Schuhwerk (Gummistiefel sind empfehlenswert!). Warmes Unterzeug, warme Kopfbedeckung und Handschuhe dürften angebracht sein.

Andererseits darf **Badezeug** in Ihrem Gepäck nicht fehlen, da fast jeder Ort sein eigenes beheiztes Schwimmbad hat. Nehmen Sie also lieber einen Badeanzug mehr mit, Sie können ihn bestimmt gebrauchen.

Wenn Ihre Reiseroute Sie auch zum Mývatn-See führt, werden Sie froh sein, **Insektenschutzmittel** in der Tasche zu haben: am Seeufer umschwärmen Sie bei Windstille Millionen von Mücken.

Für Ihre **Elektrogeräte** benötigen Sie manchmal einen Zwischenstecker, den Sie am besten in Island kaufen. Die Spannung beträgt meist 220 V / 50 Hz.

Ihre **Post** können Sie sich, wenn nicht an Ihr Hotel, dann postlagernd (Poste restante, Pósthús) nach Reykjavík oder Akureyri schicken lassen.

Isländische Freundeskreise

Isländische Freundeskreise finden Sie in Hamburg und Köln mit verschiedenen Ortsgruppen in anderen Bundesländern. Die Vereine sehen ihre Aufgabe darin, die menschlichen, kulturellen und wirtschaftlichen Beziehungen zwischen Island und der BRD zu fördern. Zu diesem Zweck veranstalten Sie Vorträge, Ausstellungen, Konzerte usw. Für einen geringen Beitrag können Sie Mitglied werden und erhalten dann regelmäßig Einladungen zu den Veranstaltungen sowie aktuelle Informationen über Island. Die deutsch-isländische Gesellschaft in Köln gibt außerdem regelmäßig ein Jahrbuch heraus.

Hier die Adressen:

Deutsch-Isländische Gesellschaft Köln e. V.
5 Köln, Apostelstraße 7

Gesellschaft der Freunde Islands e. V.
2 Hamburg 1, Raboisen 5-13

6. Unterwegs auf Island

Informationsmaterial

Abgesehen von den Prospekten, die Ihnen Reisebüros zur Verfügung stellen können, erhalten Sie weiteres Informationsmaterial durch:

Dänisches Fremdenverkehrsamt,
Glockengießerwall 2, 2000 Hamburg 1

Verkehrsbüro für Dänemark und Island,
Münsterhof 14, 8001 Zürich

Icelandair,
Glockengießerwall 12, 2000 Hamburg 1

Gute Informationsquellen sind auch die Kataloge deutscher Veranstalter wie FAST-Reise, WOLTERS-Reisen, INTER-AIR VOSS-Reisen usw.

Von all diesen Büros erhalten Sie auch die Broschüre „Saga-Jet-Reisen" mit den Adressen und einigen Angeboten deutscher Islandreisenveransalter.

In Island beantwortet Ihre Fragen das Staatliche Fremdenverkehrsamt

Ferdamálaráð Islands
Reykjavík, Laugarvegur 3

Dem, der ein ganz besonderes Interesse an Island hat, sei empfohlen, die Zeitschrift **Atlantica & Iceland Review** zu abonnieren. Sie erscheint viermal im Jahr und bringt neben vielen schönen Farbaufnahmen englischsprachige Artikel über alle Bereiche des isländischen Lebens. Der Preis ist mit ca. 24.— DM jährlich relativ gering. Die Adresse lautet:

Atlantica & Iceland Review
Reykjavík, Laugavegur 18 A

Land- und Straßenkarten

Als **Straßenkarte** sei auf jeden Fall die beidseitig bedruckte Karte des isländischen Touristenvereins (Ferdafélag Islands) empfohlen, auf der alle wichtigeren Sehenswürdigkeiten verzeichnet sind, Entfernungsangaben gemacht werden und die außerdem als einzige verläßlich über die Befahrbarkeit der Straßen unterrichtet (Maßstab 1 : 750 000).

Wanderern und Touristen, die gerne den Namen jedes Berges und jedes Flusses kennen möchten, den sie sehen, könnten sich die neun Karten im **Maßstab 1 : 250 000** kaufen, die allerdings auf älteren Vermessungen fußen und daher sehr schlecht über Straßen und Straßenzustände informieren.

Daneben gibt es noch eine Reihe von Blättern im Maßstab **1 : 100 000** und **1 : 50 000**, die dann zu empfehlen sind, wenn man ein kleineres, besonders sehenswertes Gebiet wie etwa den Mývatn genauer kennenlernen möchte.

Außerdem sind einige Spezialkarten erschienen, z. B. geologische, geomagnetische und vegetationsgeographische.

Sämtliche Karten können Sie schon zuhause bekommen, wenn Sie an folgende Buchhandlung schreiben:

Snaebjörn & Jónsson & Co. h. f., Reykjavík

Dort hat man auch Kataloge vorrätig, die Ihnen gerne geschickt werden.

Mietwagen

Wegen der besonderen isländischen Straßenverhältnisse werden fast ausschließlich Volkswagen ('Käfer', Klein- und Campingbusse) sowie Landrover vermietet. Dieser Geländewagen ist für die unwegsamen Gebiete des Hochlands am besten geeignet, doch kommt man nach einiger Übung und bei genügender Umsicht auch mit dem Volkswagen gut vorwärts.

In den Sommermonaten ist es schwierig, einen Leihwagen zu bekommen, wenn man ihn nicht schon von daheim aus vorbestellt hat. Darum seien hier einige Anschriften von Verleihfirmen genannt, an die man sich am besten schon ein halbes Jahr vor Urlaubsantritt wende:

Bílaleiga Akureyrar (Interrent), Reykjavík, Skeifan 9
Bílaleiga Akureyrar (Interrent), Akureyri, Tryggvabraut 14
Bílaleiga Loftleidir (Hertz), Reykjavík, Airport
Bílaleiga Ekill, Reykjavík, Einholti 4
Bílaleiga Thráins, Egilsstadir, Lagafell 3.

Auch in zahlreichen anderen Orten auf Island gibt es kleinere Autovermietungen, so daß ein kombinierbarer Urlaub aus Linienbusreise überland und zeitweisen Fahrten im Mietwagen möglich werden.

Der **Mieter** muß je nach Firma mindestens 20 oder 21 Jahre alt und im Besitz eines internationalen Führerscheins sein.

Straßenverhältnisse

Die typische isländische Straße besteht zur einen Hälfte aus Schlaglöchern, zur anderen aus Schotter. An unseren Verhältnissen gemessen verdient sie eigentlich den Namen 'Straße' gar nicht. Bedenkt man jedoch die kleine Einwohnerzahl des Landes und die dem gegenüber großen Entfernungen, die vielen Frostschäden und den späten Beginn der Motorisierung, so erkennt man die erhebliche Leistung, die hier vollbracht wurde. Immerhin sind jetzt alle Orte auf der Insel ohne Schwierigkeiten mit dem Wagen zu erreichen.

Freilich muß man sich auf die besonderen Straßenverhältnisse einstellen. Drei **Reservereifen** sind besser als zwei, einer genügt auf keinen Fall. Eine Plastik-**Windschutzscheibe** als Ersatz mitzunehmen, empfiehlt sich sehr, außerdem sollten Sie eine Rolle starken **Draht** im Werkzeugkasten haben, da sich durch die starke Rüttelei so manches Wagenteil lösen kann.

Der **Benzinverbrauch** ist im Hochland doppelt so hoch wie auf normalen Straßen, so daß Sie auf jeden Fall einen Reservekanister benötigen. Außerdem sollten wegen des vielen Staubs alle 1000 km der Luftfilter gereinigt und das **Öl** gewechselt werden. Diese wie überhaupt alle Wartungsarbeiten führen auf Island nicht die Tankstellen, sondern nur besondere Schmierstätten (isl.: **'smurstöd'**) und Reparaturbetriebe aus.

Wenn Sie Ihre **Tagesetappen** planen, bedenken Sie bitte, daß Sie meist nur mit einem Schnitt zwischen 30 und 50 km/h vorwärtskommen.

Im **Hochland** sind viele Flüsse noch nicht überbrückt, Sie müssen also mit dem Wagen hindurch. Wenn ein Fluß breiter als zwei oder drei Meter ist, empfiehlt es sich, zuerst auszusteigen und, vielleicht mit Anglerstiefeln bekleidet, in das Wasser hinein zu waten, um die günstigste **Furt** ausfindig zu machen. Sie verläuft nicht immer gerade durch einen Fluß hindurch, manchmal muß man auch im Bogen fahren. Bevor Sie den 1. Gang einlegen, um so langsam wie möglich das andere Ufer zu erreichen, könnten Sie die elektrische Anlage unter der Motorhaube noch mit einem Zündkerzen-Spray behandeln.

Ein anderes Hindernis, dem Sie im Hochland begegnen werden, sind **versandete Wegstücke.** Wenn Sie sie von weitem erkannt haben, können Sie so schnell wie möglich hindurch; sind Sie aber einmal steckengeblieben, hilft nur noch Muskelkraft. Vielleicht kommt gerade ein anderes Auto, dann sollten Sie ein starkes **Abschleppseil** zur Verfügung haben.

Wegweiser sind in isländischen Städten selten, Sie müssen sich also vorher auf einer Karte informieren. Außerhalb der Ortschaften sind die Wege gut beschildert. Eine isländische Eigenart ist es allerdings, statt Zielorten oft nur die Namen der Straßen anzugeben. Sie sind in diesem Reiseführer, wo nötig, genannt.

Verkehrsbestimmungen

Die isländischen Verkehrsbestimmungen sind annähernd die gleichen wie bei uns, so daß man eigentlich nicht auf Schwierigkeiten stößt. Seit dem 26. Mai 1968 wird rechts gefahren; **Vorfahrt** hat auf gleichberechtigten Straßen, wer von rechts kommt. Vorfahrtsstraßen sind im allgemeinen nur daran zu erkennen, daß in den Seitenstraßen Stop-Schilder stehen.

Die Höchstgeschwindigkeit ist in den Ortschaften zumeist auf 45 km/ Std. begrenzt, außerhalb dürfen 70 km/Std. gefahren werden.

Parken ist dort verboten, wo der Bordstein gelb markiert ist, außerdem nach entsprechenden Schildern. In Reykjavík und Akureyri gibt es Parkuhren.

Bei Nebel und Dunkelheit muß mit **Abblendlicht** gefahren werden. Standlicht gilt als unzureichend.

Alkohol am Steuer ist verboten, die Promillegrenze liegt bei 0,5 ‰.

Die **Verkehrsschilder** entsprechen den bei uns üblichen. Im folgenden ist eine kurze Aufstellung möglicher Zusatztafeln gegeben:

Bílastaedi bönnud	Parken verboten
Blindhaedir	Unübersichtliche Strecke
Brekka	Gefälle
Brú	Brücke
Haettu	Gefahr
Haettulegur	gefährlich
Krappar Beygjur	Enge Kurve
Mjög Haegt	sehr langsam fahren
Thröngar Bryr	Schmale Brücken
Varud	Vorsicht

Trampen

Per Anhalter zu reisen ist auf Island durchaus üblich, wenn auch nur bei Touristen. Nicht jedes Auto hält an, wird man aber erst einmal mitgenommen, kann man mit wirklich freundlichen Mitreisenden rechnen. Für eventuelle Zeitplanungen sollte bedacht werden, daß der Verkehr auf vielen Straßen nur spärlich fließt und gerade in der Sommerszeit viele Einheimische in die Ferien fahren, deren Wagen dann meist vollbesetzt sind.

In Städten ist das Trampen zwar nicht verboten, aber ohne jede Aussicht auf Erfolg.

Taxis

Reguläre Taxidienste gibt es außer in Reykjavík auch in einigen anderen Städten Islands, so in Akureyri, Egilsstadir und Isafjördur. Sie können telefonisch bestellt oder auf der Straße angehalten werden. Im Zentrum Reykjavíks gibt es zahlreiche Taxihalteplätze. Freie Taxis erkennen Sie an dem an der Windschutzscheibe aufleuchtenden Wort 'LAUS'.

In den meisten kleineren Ortschaften können Taxen für längere Fahrten durch Vermittlung der Tankstellen oder Reparaturwerkstätten zur Verfügung gestellt werden.

Autobusse

Da auf der Insel keine Eisenbahnen verkehren, übernehmen Busse den öffentlichen Transport auf dem Landweg. Das Streckennetz der Busgesellschaften berührt alle Orte des Landes, wenn abgelegenere auch nur ein- bis zweimal wöchentlich bedient werden.

Jedes Jahr erscheint ein **Fahrplanheft**, das sowohl über Fahrpreise als auch -zeiten Auskunft gbt. Es heißt **Leidabók á Aetlanir Sérleyfisbifreida** und ist auf allen Postämtern und am Zentralen Busbahnhof in Reykjavík gegen eine kleine Gebühr erhältlich.

Flugdienste

Der innerisländische Luftverkehr liegt in Händen der ICELANDAIR. Dreizehn Ortschaften werden regelmäßig angeflogen. Büros bzw. Agenten (umbodsman) finden sich in vielen Städten und Dörfern.

Kleinere Chartergesellschaften (Lufttaxis) bringen Sie überall dorthin, wo behelfsmäßige Landeplätze angelegt wurden, selbst ins Landesinnere. Sie sind freilich nicht ganz billig.

Küstenschiffahrt

Die staatliche Reederei **Skipaútgerd Ríkisins** verkehrt mit ihren Frachtern ESJA und HEKLA in unterschiedlichen Abständen zwischen fast allen isländischen Häfen. Autos können transportiert werden, für Passagiere ist jeweils nur begrenzt Platz verfügbar. Rechtzeitige Buchung empfiehlt sich also. Fahrplanauskünfte bekommen Sie im Büro der Gesellschaft in Reykjavík, Hafnarhúsid. Dort können Sie auch Reservierungen vornehmen.

Regelmäßige, mehrmals wöchentlich verkehrende **Fährdienste** gibt es zwischen folgenden Orten:

Reykjavík — Akranes
Reykjavík — Vestmannaeyjar
Isafjördur — Baeir
Isafjördur — Ögur
Stykkishólmur — Brjánslaekur
Thorlákshöfn — Vestmannaeyjar

Auf allen diesen Strecken werden auch Fahrzeuge transportiert. Für Auskünfte stehen Ihnen die Reisebüros in Reykjavík zur Verfügung.

Organisierte Touren

Organisierte Touren werden in Hülle und Fülle angeboten. In Reykjavík können Sie alle im Staatlichen Fremdenverkehrsamt buchen, in Akureyri im Ferdakrifstofa Akureyri, an anderen Orten durch die Hotels.

Angeboten werden Fahrten von halbtägiger bis dreiwöchiger Dauer, für Saga-Liebhaber, für Ornithologen, für Geologen, für Bergsteiger und natürlich für den, der Island ganz allgemein kennenlernen möchte.

ICELANDAIR, LOFTLEIDIR und das Staatliche Fremdenverkehrsamt geben Prospekte heraus, in denen viele der zur Verfügung stehenden Touren kurz beschrieben werden. Außerdem können Sie Prospekte von den einzelnen Unternehmen erhalten, von denen im folgenden einige aufgezählt sind:

Arena Campingtours, Reykjavík, Hvassaleyti 26
Gudmundur Jónasson, Reykjavík, Laekjarteigur 4
Landsýn Tourist Bureau, Reykjavík, Laugavegur 54
Urval Travel Bureau, Reykjavík, Pósthússtraeti 2
Ulfar Jacobsen, Reykjavík, Austurstraeti 9
Zoega Travel Bureau, Reykjavík, Hafnarstraeti 5

Gletschertouren

Besonderer Erwähnung bedürfen die Gletschertouren, die während der Sommermonate auf dem Vatnajökull veranstaltet werden. Sie dauern 7—15 Stunden und führen zum Kverkfjöll und zu den Grimsvötn.

Man fährt in einer Schneekatze, wie sie auch für Südpolexpeditionen benutzt wurde, über das Eis und hat die Möglichkeit, sich Skier auszuleihen, um — mit einer Leine abgesichert — auf dem Gletscher herumspazieren zu können.

Mit der Schneekatze auf dem **Vatnajökull** spazieren zu fahren oder gar Ski zu laufen, bietet eins der so selten gewordenen Abenteuer in Europa.

Da diese Touren in ihrem ersten Jahr ein großer Erfolg für die Veranstalter waren, wurden sie ab 1973 auch in das Programm einiger Reiseunternehmen Reykjavíks und Akureyris aufgenommen. Der Selbstfahrer hat die Möglichkeit, bis zur Hütte im Jökuldalur zu fahren und sich dort abholen zu lassen. Genaueste Auskünfte bekommen Sie von:

Kattarferdir, c/o Brjótur h. f., Akureyri, Adalsstraeti 54

Urlaub auf dem Bauernhof

Urlaub auf einem isländischen Bauernhof wird von deutschen Reiseveranstaltern pauschal angeboten, Sie können ihn aber auch nachträglich in Reykjavík buchen. Im Angebot sind mehrere dafür ausgebaute Farmen in verschiedenen Landesteilen. Sie sind meist recht komfortabel eingerichtet und besitzen viele Pferde, auf denen der Gast nach Belieben reiten kann. Manche Höfe verfügen auch über Jagd- und Fischereirechte, von denen der Urlauber dann Gebrauch machen darf. Außerdem besteht meist die Möglichkeit, Landrover für Ausflüge in die Umgebung zu mieten.

Ferienhäuser und Privatzimmer

Privatzimmer stehen vor allem in Reykjavik zur Verfügung, einige Ferienhäuser in Húsafell im Borgafjördur. Privatzimmer können an Ort und Stelle gebucht werden, für Ferienwohnungen empfiehlt sich eine frühzeitige Reservierung über „Ferdamálarád Islands" (Adresse S. 192).

Öffnungszeiten der Geschäfte

Geschäfte sind montags bis freitags von 9—18 Uhr geöffnet, freitags schließen manche auch erst um 22 Uhr. Samstags sind viele in den Sommermonaten ganz geschlossen, andere stehen zwischen 9 und 12 Uhr zu Ihren Diensten.

Tankstellen, an die oft auch Lebensmittelläden angebunden sind, haben in der Regel täglich bis Mitternacht geöffnet, so daß man dort immer das Nötigste bekommt.

Öffnungszeiten der Banken

Die Banken sind montags bis freitags zwischen 9.30 und 16.00 Uhr geöffnet, während der Sommermonate zum Geldwechseln auch bis 18 Uhr und samstagsvormittags.

Öffnungszeiten der Schwimmbäder

Fast alle Schwimmbäder sind in der Woche von 7.20 Uhr bis 20.30 Uhr geöffnet. Am Wochenende schließen die Badeanstalten schon um 17.30 Uhr.

Öffnungszeiten der Museen und anderer Sehenswürdigkeiten

Isländische Museen sind vielfach nur für 2 oder 3 Stunden täglich geöffnet. Meist liegt die Besichtigungszeit am Nachmittag, manchmal aber auch abends. Auf dem Land sind sie oft abgeschlossen, man muß dann im Nachbarhaus klingeln und um den Schlüssel bitten.

Da die Öffnungszeiten jedes Jahr wechseln können, empfiehlt es sich, vor einem Besuch in einem Reisebüro nachzufragen.

Post und Telefon

Das **Hauptpostamt** in Reykjavík (Pósthúsid) ist montags von 8 - 17 Uhr, dienstags bis freitags von 9 - 17 Uhr und samstags von 9 - 12 Uhr geöffnet.

Das **Telefon- und Telegrafenamt** (Símstödin) ist für Auslandsgespräche durchgehend von 0 - 24 Uhr geöffnet, sonst montags bis samstags von 9 - 19 Uhr und sonntags von 11 - 18 Uhr.

Briefkästen gibt es in Island kaum, man gibt die Post normalerweise auf dem Postamt oder im Hotel ab. **Telefonzellen** sind selten, man kann aber auf jeder Post Orts- und Ferngespräche führen.

Die Namen der Teilnehmer sind in isländischen **Telefonbüchern** nach dem Vornamen angeordnet, also zum Beispiel:
Halldór Laxness . . . und nicht Laxness, Halldór . . .

Auf dem Laufenden bleiben

Deutschsprachige Tageszeitungen (nur WELT und FAZ) erhalten Sie das ganze Jahr über mit meist eintägiger Verspätung in Reykjavík, ebenso fast alle deutschen Illustrierten. Den SPIEGEL gibt es in allen größeren Ortschaften.

Der isländische **Rundfunk** sendet während der Sommermonate täglich um 18 Uhr Nachrichten in englischer Sprache, die überall im Land empfangen werden können. Außerdem kann man im ganzen Süden 24 Stunden täglich den amerikanischen Soldatensender AFN empfangen.

Gesetzliche Feiertage

1. Januar	Neujahr
wechselnd	Gründonnerstag
wechselnd	Karfreitag
wechselnd	Ostermontag
3. Donnerstag im April	Erster Sommertag
1. Mai	Tag der Arbeit
wechselnd	Himmelfahrt
wechselnd	Pfingstmontag
17. Juni	Nationalfeiertag
1. Montag im August	Bankfeiertag
24. Dezember	Heiligabend (ab mittags)
25. und 26. Dezember	Weihnachten
31. Dezember	Silvester (ab mittags)

Was man sich kaufen könnte

Schaf- und Ponyfelle, die es in viel größerer Auswahl und weitaus preiswerter gibt als bei uns; Fellwesten und -mäntel, isländische Wollkleidung mit typischen Mustern. Gefäße jeder Art aus Lavagestein, isländische Spezialgerichte in Dosen (wenn Sie Ihnen geschmeckt haben). Silberschmiedearbeiten mit einheimischen Halbedelsteinen. Bildbände über Island. Steine und Mineralien, die Sie aber auch selbst finden können.

7. Währung und Preise
(Stand: Januar 1981)

Die hier angegebenen Preise sind nur zur Orientierung gedacht und ohne Gewähr, deshalb wurden auch von-bis-Angaben gemacht, damit die Reisekasse je nach Ansprüchen eingeteilt werden kann. Wegen der außerordentlich hohen Inflationsrate in Island steigen die Preise fast wöchentlich. Als Tourist merkt man weniger davon, denn der Gegenwert in DM bleibt durch Angleichung des Wechselkurses erhalten. Deswegen wurden hier meist Preisangaben in DM gemacht.

Isländische Währungseinheit ist die Krone (Króna, Mehrzahl Krónur, abgekürzt: Kr.). Eine Krone hat 100 Aurar (Einzahl Eyrir). Im Umlauf sind Noten zu 20, 50, 100 und 500 Kronen; Münzen zu 50, 10 und 5 Aurar sowie zu 1 und 5 Kronen. Die alten Banknoten können bis Ende 1982 bei der Zentralbank umgetauscht werden.

Geldwechsel

Die Deviseneinfuhrbeschränkung ist für den Touristen ohne Nachteil, da man sein Geld des sehr viel günstigeren Kurses wegen ohnehin besser erst in Island umwechselt. Der Kurs beträgt hier etwa

100 Kr. = DM 31,45
100 DM = Kr. 318

Nur zwei Banken sind berechtigt, Geld umzutauschen: die „Utvegsbanki Islands" und die „Landsbanki Islands". Beide haben Filliaten in vielen Ortschaften des Landes. Reisebüros, Fluglinien, Hotels usw. nehmen oft auch ausländische Zahlungsmittel an.

Übernachtungspreise

Island ist ein teures Reiseland. Ein Einzelzimmer bei der Heilsarmee in Reykjavík kostet ohne Frühstück schon 40-55 Mark. Für Privatzimmer müssen Sie mit 55 Mark für ein Einzelzimmer und 75 Mark für ein Doppelzimmer rechnen. Doppelzimmer im Bauernhaus kosten mit Vollpension etwa 150 Mark pro Tag, Einzelzimmer 90 Mark. Kinder unter 4 sind frei, zwischen 4 und 11 Jahren kosten sie 40 Mark pro Tag.

Im teuersten Hotel Islands, dem Loftleidir am Flughafen von Reykjavík, kostet ein Doppelzimmer ohne Frühstück zwischen 130 und 350 DM. In durchschnittlichen Hotels beginnen die Preise fürs Einzelzimmer bei etwa 50 Mark, fürs Doppelzimmer bei etwa 80 Mark.

Bedienungsgelder und Steuern sind übrigens in den oben genannten Preisen inbegriffen.

Trinkgelder

Im Gegensatz zu den meisten anderen Ländern der Welt werden auf Island und an Bord isländischer Schiffe **keine Trinkgelder** erwartet. Der Tourist sollte diese erfreuliche Sitte zu wahren trachten.

Benzin und Öl

Anders als in Deutschland gibt es auf Island keine von Tankstelle zu Tankstelle verschiedenen Kraftstoffpreise. Überall, ob in der Stadt oder mitten im Hochland, sind für 1 l Benzin 1,85 DM, für einen Liter Diesel 1,50 DM zu zahlen.

Mietwagen-Tarife

Die Tarife sind bei fast allen Verleihfirmen gleich. Für einen VW-Käfer sind pro Tag 75,- DM und pro Kilometer -,75 DM zu bezahlen, für einen siebensitzigen Landrover pro Tag 140,- DM und pro Kilometer 1,40 DM. VW-Busse kosten je Tag 120,- DM und je Kilometer 1,20 DM.

Bei Landrovern ist der Dieselkraftstoff im Mietpreis inbegriffen, bei allen anderen Typen muß der Mieter das Benzin selbst bezahlen. 23,5% Mehrwertsteuer wird bei allen Wagen auf den Endpreis aufgeschlagen.

Bus-Tarife

Die Fahrpreise liegen zwischen -,13 bis -,15 DM pro Kilometer. Das ergibt dann beispielsweise:

Reykjavík	– Akureyry	DM 64,—
Reykjavík	– Isafjördur	DM 79,—
Reykjavík	– Stykkishólmur	DM 31,—
Reykjavík	– Thingvellir	DM 8,20
Akureyri	– Mývatn	DM 16,50

Für die Stadtbusse Reykjavíks gilt ein Einheitstarif, der zum Umsteigen ohne Aufschlag berechtigt.

Fährtarife

Die Überfahrt von Reykjavík nach Akranes kostet circa 13,- DM pro Person, die von Thórlakshöfn auf die Westmänner-Inseln ca. 26,- DM pro Person.

Ausflugspreise

Stadtrundfahrten in Reykjavík kosten ca. 22,- DM. Für Halbtagsausflüge müssen Sie mit mindestens 40,- DM rechnen, für Ganztagsausflüge mit mindestens 70,- DM.

Preiswerter sind die Wandertouren des Isländischen Jugendherbergsverbandes und des Touristenverbands (Ferdafélag Islands, Öldvgata 3, Reykjavík), an denen auch Ausländer teilnehmen können. Hier müssen Sie mit Preisen um 10,- DM (halbtags), um 16,- DM (ganztags) und um 80,- DM (Wochenende) rechnen.

Flugpreise

Innerhalb Islands:

Reykjavik	– Akureyri	DM 90,—
Reykjavik	– Egilsstadir	DM 120,—
Reykjavik	– Höfn	DM 105,—
Reykjavik	– Húsavík	DM 100,—
Reykjavik	– Isafjördur	DM 85,—
Reykjavik	– Westmänner-Inseln	DM 60,—

Diese Preise gelten für einfachen Flug. Hin- und Rückflug doppelter Preis. Auf jedem isländischen Flughafen wird für Inlandsflüge eine Flughafensteuer von DM 2,50 erhoben.

Pauschalreisen

Viele deutsche Reiseunternehmen bieten Pauschalreisen nach Island an, führen sie dann aber nicht selbst durch, sondern setzen Sie in einen Bus mit Gästen anderer Unternehmen oder Nationalitäten. Das ist nicht der Fall bei der ausführlichen Reise von STUDIOSUS-REISEN (Luisenstraße 43, 8000 München 2). Vielleicht das differenzierteste Islandprogramm bietet WOLTERS-REISEN, Postfach 100147, 2800 Bremen). Im Hauptprospekt der ICELANDAIR mit dem Titel „Sagajet-Reisen" werden die Namen und Adressen aller Veranstalter von Islandreisen genannt.

F
ANHANG

LITERATURHINWEISE

Sagas: Fast die gesamte altisländische Literatur ist in der Sammlung Thule des Eugen Diederichs Verlag erschienen. Wer sich nicht alle 24 Bände anschaffen will, findet eine schöne Auswahl in dem Buch „Die Schönsten Geschichten aus Thule", erschienen im gleichen Verlag. Wer um die Lebensbedingungen der alten Isländer wissen möchte, schaue in dem Buch von Hans Kuhn „Das alte Island". Wissenschaftlich beschäftigt sich mit den Sagas in gut lesbarer Form Peter Hallberg in „Die isländische Saga".

Moderne Literatur: In deutschen Übersetzungen ist vor allem das Werk von Halldor Laxness erhältlich; außerdem bei Reclam Gunnar Gunnarssons „Advent im Hochgebirge". Der Roman von Thórbergur Thórdarsson „Unterwegs zu meiner Geliebten" ist vor einigen Jahren bei uns erschienen. Das Kinderbuch „Nonni und Manni" von Jon Svensson erschien neu im Verlag Josef Habbel, Regensburg. Zwei Anthologien isländischer Erzählungen und Kurzgeschichten liegen in deutscher Sprache vor: die eine erschien bei Erdmann in München, die andere im Aufbau-Verlag, Berlin und Weimar. Außerdem ist bei uns erhältlich Pierre Loti: Islandfischer (Verlag Die Brigantine, Hamburg).

Politik: Hier gibt es nur ein Buch: „Es wetterleuchtet am Polarkreis" von Anton Hantschel, das allerdings schon veraltet ist und sich über weite Teile auch nur mit der militärstrategischen Bedeutung Islands in der NATO befaßt.

Bildbände: Auf Island erhalten Sie eine reiche Auswahl über ganz Island und zu einzelnen Gebieten; von den bei uns erschienenen gefällt mir am besten das von Bonhage/Francke.

Bestimmungsbücher: In allen Buchhandlungen ist eine große Anzahl von Bestimmungsbüchern für Steine, Blumen, Bäume und Vögel erhältlich. Das brauchbarste Buch zur Vogelbestimmung ist für Island „Welcher Vogel ist das?", ein Kosmos-Führer.

„König der isländischen Berge" wird der **Herdubreid** oft genannt. Gewaltig steigt er aus der Lavawüste Odádahraun auf, verhüllt aber seine weiße Zipfelmütze oft wenig freundlich in den Wolken.

Hotels und Guesthouses auf Island

Reykjavík: Hotel BORG, Pósthússtraeti 11
Hotel CITY, Ránargata 4a
Hotel ESJA, Sudurlandsbraut 2
Hotel GARDUR, Hringbraut (nur im Sommer)
Hotel HEKLA, Raudarárstígur 18
Hotel HOLT, Bergstadastraeti 37
Hotel LOFTLEIDIR, Am Flughafen
Hotel SAGA, Hagatorg
GUESTHOUSE, Brautarholt 22 (nur im Sommer)
GUESTHOUSE, Ránargata 12
GUESTHOUSE, Snorrabraut 52
HEILSARMEE, (Salvation Army Hostel),
Kirkjustraeti 2

Süd-Island: Hotel VALHÖLL, Thingvellir (nur im Sommer)
Hotel HVERAGERDI, Hveragerdi
Hotel THÓRISTÚN, Selfoss
Hotel EDDA, Laugarvatn (nur im Sommer)
Hotel NEW EDDA, Laugarvatn (nur im Sommer)
Hotel HVOLSVÖLLUR, Hvolsvöllur
Hotel EDDA, Skógar (nur im Sommer)
Hotel EDDA, Kirkjubaejarklaustur
Motel FLÚDIR, Flúdir
GUESTHOUSE, Mosfell, Hella
GUESTHOUSE, Vík í Mýrdal
GUESTHOUSE, Westmänner-Inseln

West-Island: Hotel AKRANES, Akranes
Hotel BORGARNES, Borgarnes
HREDAVATNSSKÁLI, Borgarfjördur (Sommer)
Hotel EDDA, Reykholt (nur im Sommer)
Hotel STYKKISHOLMUR, Stykkish
Hotel BUDIR, Snaefellsnes (nur im Sommer)
Guesthouse SJOBUDIR, Olafsvík
Guesthouse BJARG, Búdardalur
Hotel LAUGAR, Saelingsdalur (nur im Sommer)
Hotel EDDA, Flókalundur, Vatnsfj. (Sommer)
Hotel EDDA, Bjarkarlundur, Króksfj. (Sommer)
Hotel MANAKAFFI, Isafjördur
Heilsarmee, Isafjördur
Guesthouse HÖFN, Thingeyri

Nord-Island: STADARSKALI, Hrútafjördur (nur im Sommer)
Hotel EDDA, Reykir, Hrútafj. (nur im Sommer)
Hotel EDDA, Blönduós
Hotel EDDA, Húnavellir, Svínadalur (Sommer)
Hotel VARMAHLID, Skagafjördur
Hotel MAELIFELL, Saudarkrókur
Hotel HÖFN, Siglufjördur
Hotel OLAFSFJÖRDUR, Olafsfjördur
Guesthouse VIKURRÖST, Dalvík (nur im Sommer)
Hotel K. E. A., Akureyri
Hotel VARDBORG, Akureyri
Hotel EDDA, Akureyri (nur im Sommer)
Hotel LAUGAR, Laugar, S. Thing (nur im Sommer)
Hotel EDDA, Storutjarnir, Ljósavatn (Sommer)
Hotel REYKJAHLID, Mývatn (nur im Sommer)
Hotel REYNIHLID, Mývatn
Hotel HUSAVIK, Húsavík
Guesthouse KOPASKER, Kópasker
Hotel NORDURLJOS, Raufarhöfn (nur im Sommer)

Ost-Island: Guesthouse TANGI, Vopnafjördur
Hotel VALASKJALF, Egilsstadir
Hotel EGILSSTADIR, Egilsstadir (nur im Sommer)
Hotel EDDA, Eidar (nur im Sommer)
Hotel EDDA, Hallormsstadur (nur im Sommer)
Hotel Egilsbud, Neskaupstadur
Hotel ASKJA, Eskifjördur
Guesthouse KBH, Reydarfjördur
GUESTHOUSE, Djúpivogur
Hotel HÖFN, Hornafjördur
Hotel EDDA, Nesjaskóli, Hornafj. (nur im Sommer)
Hotel EDDA, Stadarborg, Breiddalsv. (Sommer)

ORTSVERZEICHNIS

A

Afaldalshraun 95
Aegisída 52
Akrafjall 33
Akranes 30, 33
Akureyri 14, 58, 64, 93 f, 98, 117-123, 206
Álafoss 36, 58
Álftafjördur 70, 86
Almannagjá 76 m, 161 f.
Almannaskard 70
Árbaer 44 f
Arnarvatnsheidi 102
Arnarstapi 85
Ásbyrgi 94, 96
Ásgardur 69
Askja 68, 114-116, 124 f
Atlavík 140 f

B

Baeir 89 f
Baer 81
Baula 60
Berserkjahraun 86
Berufjördur 69
Bessastadir 81
Bifröst 60
Bíldudalur 92
Bitrufjördur 88
Bjarkarlundur 89
Bjarnarfoss 84
Bjartangar 92
Bláfell 104
Bláfjall 143
Blandá 63, 108
Bláskógaheidi 101
Blönduos 63, 108
Bordeyri 62, 88
Borg 85
Borgarnes 60, 84
Borgarvirki 62
Botnsvatn 133
Breidafjördur 12, 16, 89, 92, 157
Breidamerkursandur 71
Breiddadal 69
Breiddalsheidi 68

Breiddalsvík 69
Brjánslaekur 92 f
Brókey 157
Brú 62, 86
Búdareyri 69
Búdir (O.-Isl.) 69
Búdir (Snaef.) 84 f
Búlandshöfdi 86
Búrfell (Mývatn) 66, 143
Búrfell (S.-Isl.) 28, 71, 74
Búrfellshraun 66

D

Dalbaer 82
Dalsmynni 86, 92
Dalvík 94
Deildartungahver 82
Dettifoss 12, 66, 68, 96-98
Dimmuborgir 144 f
Djúpavík 88
Djúpivogur 70
Dragavegur 59
Drangajökull 89
Drangey ( )
Drangsnes 88
Drápuhlídarfjall 86, 157
Dritvík 85
Dyngjufjöll 114, 116
Dynjandifoss 92
Dyrhólaey 55

E

Egilsstadir 66, 68, 69, 100, 125, 140
Eiríksjökull 102
Eiríksstadir 93
Eldborg 84
Eldey 80
Eldgjá 108-110
Engahver 78
Ennishöfdi 88
Eyjafjallajökull 9, 51, 111
Eyjafjördur 64, 94, 98, 100
Eyvindakofi 114-116

F

Fagurhólsmýri 71, 149
Fagrifoss 113
Ferstikla 59
Ferstikluhals 59
Fjallabaksvegur 108
Fjallfoss 92
Fjardarheidi 100
Flatey 157 f
Fnjóská 64
Frambruni 112
Frostadavatn 110
Ferjukot 81

G

Geirshólmur 59
Gerduberg 84
Geysir 10, 76, 125-127
Gjábakkahellir 76
Gjáinfoss 74
Gjátindur 110
Gjögur 88
Gláma 92
Glaumbaer 64, 92, 127-130
Godafoss 12, 64 f
Grábrók 60
Grafarlandsá 114
Grafningsvegur 158
Grenjastadur 95
Grímsá 68
Grímsey 94, 133
Grimsnes 72
Grímsstadir 68, 96
Grímsvötn 154, 165
Grindavík 80
Gröf 151
Grjótagjá 146
Grund 98
Grundarfjördur 86
Gudlaugsvík 88
Gufuskálar 85
Gullfoss 76
Gýjarfoss 63

H

Hafnarfjördur 34, 48, 78
Hafnir 80

Hafragilsfoss 96
Háifoss 74
Hallbjarnarstadir 95
Hallmundarhraun 82
Hallormstadur 140 f
Hálsar 71
Hamarsfjördur 70
Heimaey 166-171, 173
Helgafell (Snaef.) 157
Helgafell (Westm.) 173
Helgustadir 69
Hekla 9, 51, 72, 112, 130, 132, 156
Hella 52
Hellissandur 85 f
Hellisheidi 51
Hellnar 85
Hengifoss 141
Hengill 33, 51, 158
Herdubreid 8, 9, 68, 96, 114-116
Herdubreidarlindir 116
Hestgerdislón 71
Heydalir 69
Hjálparfoss 72
Hjalteyri 94
Hjörleifshöfdi 55
Hlídarendi 54
Hljódaklettur 96
Hlödufell 102
Hnausar 110
Höfn 68, 70 f
Hoffelsfjall 71
Hofsjökull 52, 106
Hofsós 63, 93
Hólabyrda 132
Holaholar 85
Hólar 93, 132 f, 151
Hólmavík 62, 86, 88 f
Hóp 63
Hólssandur 96
Holtavörduheidi 62
Holsós 54
Hrafnseyri 90
Hrafntinnusker 110
Hrappsey 157
Hraundrangi 64
Hrauneyjarfoss 110
Hraunfossar 82

Hredavatn 60
Hrísey 94
Hrossaborg 114
Hrútafjördur 62
Húnavatn 63
Húsafell 81 f, 101 f
Húsavík 94 f, 130, 133-136, 146
Húsavíkurfjall 95, 133
Hvalfjördur 59
Hvammstangi 62
Hvannadalshnúkur 58, 150 f, 165
Hveradalir (Kjalv.) 106
Hveradalir (S.-Isl.) 51
Hveragerdi 52, 78, 134, 136 f
Hveraströnd 146
Hveravellir N.-Isl.) 95, 133
Hveravellir (Kjalv.) 108
Hverfjall 143 f, 146 f
Hvítá 60, 72, 76
Hvítárbakki 81
Hvítárnes 104, 106
Hvítárvatn 104
Hvolsvöllur 54

I
Ingólfsfjall 51 f, 72
Isafjardardjúp 12, 137
Isafjördur 89 f, 137-139

J
Jökulsá á Dal 68
Jökulsá á Fjöllum 66, 96
Jökulsá í Fljótsdal 139
Jörundur 66

K
Kaldalón 89
Kaldidalur 81 f, 101 f
Kambar 51
Kapelluhraun 78
Kafla 12, 55, 141 f
Keflavík 48, 80

Keldur 58
Keldurhverfi 96
Kerid 72
Kerlingarfjöll 104, 106-107, 206
Kirkjubaejarklaustur 56
Kirkjuból 69
Kistufell 86
Kjalvegur 76, 104-108
Kleifarvatn 78
Kolbeinsey 94
Kollabúdaheidi 89
Kollafjardarnes 88 f
Konungsvarda 62
Kópavogur 34, 48, 78
Krafla 144
Kristnes 98
Krísuvík 78
Króksfjardarnes 86, 93
Krossá 111
Kverkfjöll 68, 116, 166

L
Lagarfljot 66, 68, 139-141
Laki 9, 56, 113
Landmannalaugar 71, 74, 108 f
Langadalsá 89
Langjökull 102, 104
Látrabjarg 92
Laugaból 92
Laugaland 100
Laugar 66
Laugarbakki 62
Laugarvatn 76, 164
Laugarvatnshellir 76
Laxá 59
Laxamýri 95
Laxárvirkjun 95
Laxfoss 81
Laxnes 76
Leirhnúkur 144
Leirvogur 58
Lindaá 114, 116
Lítli-Árskógssandur 94
Ljóifoss 158
Ljótipollur 110
Lögberg 160

Lögurinn 66, 68, 139-141
Lón 96
Lóndrangar 85
Lónsheidi 70
Lúdent 144
Lyngdalsheidi 76

M

Malarrif 85
Málmey 63
Markarfljótsbrú 54
Melgraseyri 89
Melrakkaslétta 96
Melstadur 62
Miklavatn 93
Mjóadalsá 113
Mödrudalur 68
Mödruvellir (N.-Eyj.) 94
Mödruvellir (S.-Eyj.) 98
Munkathvéra 98, 100
Mýrdalsjökull 55, 111, 141 f
Mýrar 90
Mýri 111, 113
Mývatn 16, 30, 64, 66, 133, 142-148

N

Námafjall 143
Námaskard 146
Neshraun 85
Nikulasárgjá 162
Nordurfjördur 89
Nordurlandsvegur 76
Núpsstadur 50, 58
Nýja-Eldhraun 56, 113

O

Odádahraun 9, 114-116
Ögmundarhraun 80
Ögur 89
Ölfusá 52
Öraefajökull 9, 12, 58, 165
Öraefi 58, 149-151
Öxará 158
Öxaráfoss 162
Öxivegur 68, 70

Ofaerufoss 108-110
Ok 102
Olafjardarmúli 94
Olafsfjördur 94
Olafsvík 86

P

Patreksfjördur 90, 92
Peningagjá 162
Pétursey 55

R

Raudamelsökelda 84
Raudamelur 84
Raudavatn 51
Raufarhólshellir 80
Reykholt 81 f
Reykholtsdalur 60
Reykir (Hverager.) 52
Reykir (Hrútafj.) 62, 88
Reykjahlíd 148
Reykjanes (NW) 89
Reykjanes (S) 33, 78-81
Reykjavík 7, 14, 30, 33-48, 151
Reynihlíd 148
Rif 85

S

Sandá 72, 104, 108
Sandkluftavatn 101
Sandskeid 51
Saudarkrókur 93
Saurbaer (Borgarfj.) 59
Saurbaer (Eyjafj.) 98
Selfoss 51 f, 71
Seljalandsfoss 54
Sellandafjall 143
Seltjarnarnes 33 f
Sellfoss 96
Seydisá 108
Seydisfjördur 12, 98, 100
Siglufjördur 64, 93, 148 f
Sigöldufoss 112

Skaftafell 58, 68, 70 f, 149-151
Skagafjördur 63, 93
Skálholt 52, 70-72, 151-153, 168
Skálm 56
Skeidararsandur 50, 58, 149, 154 f.
Skjaldbreidur 101 f
Skjálfandafljót 64
Skógafoss 52, 54 f
Skógar 55
Skógarströnd 86
Skorradalsvatn 59
Skorradalur 59
Skriduklaustur 141
Skútustadir 148
Snaefell 141
Snaefellsjökull 9, 33, 155
Snaefellsnes 33, 80, 84,
Sólheimarjökull 55, 85
Sprengisandur 71, 74, 98, 111-113
Stadarborg 69
Stadastadur 84
Stapafell 85
Stefánshellir 82
Stikuhals 88
Stöd 86
Stöng 74, 156, 158 f
Stokksnes 70
Stóra-Dímon 54
Stóra-Gjá 146
Strákagöng 93
Strandarkirkja 80
Straumsvík 30, 74, 80 f
Súdavík 139
Súlur 98
Surtsey 158, 172
Surtshellir 82
Suturbrandsgil 92 f
Stykkishólmur 86, 157 f
Svartifoss 12, 150
Svínahraun 51

T

Thingeyrar 62
Thingeyri 90

Thingvallavatn 76, 158
Thingvellir 76, 82, 101. 160-164
Thjódveldisbaer 156
Thjófadalir 108
Thjórsá 52, 72, 74, 110
Thjórsárdalslaug 74
Thjórsárdalur 71 f
Thórdarhöfdi 63
Thórisjökull 102
Thórisvatn 112
Thorlakshöfn 197
Thormódsstadir 98
Thorskafjördur 89
Thórsmörk 111
Threngslaborgir 144
Threstbakki 88
Thykkvabaejarklaustur 56

Thyrill 59
Tindfjallajökull 51
Tjörnes 94-96
Trölladyngja 9, 112
Tröllatunguheidi 89
Tungnaá 110, 112
Tungnafellsjökull 112

U

Ulfljótsvatn 158
Uxahryggir 101

V

Vadlaheidi 64
Vaglaskógur 64
Vallholt 141
Valthjófsstadur 141
Varmahlíd 63, 93
Varmaland 60

Vatnajökull 9, 58, 70, 154, 165 f.
Vatnsdalshólar 62
Vatnsfjördur 92
Vatnshlídarvatn 63
Veidivötn 112
Vegamot 84, 86
Vesturhorn 70
Videy 33, 44
Vídimýri 63
Vigabergfoss 96
Vík í Mýrdal 55
Vikrafell 116

W

Westmänner-Inseln 51, 166-173

Y

Ytri-Rangá 52

INDEX zu Teil E

A
Alkoholische Getränke 182, 189, 195
Angeln 184,
Anreise 186, 190
Autobusse 197, 204
Auto-Einfuhr 188
Auto-Ersatzteile 190

B
Banken 201, 203
Benzinpreis 203
Benzinverbrauch 194
Botschaften 188
Boxen 185
Buchhandlungen 193

C
Camping 179 f

D
Devisen 189
Duty-free-Shop 189

E
Edda-Hotels 177 f, 203
Eintrittspreise 206
Elektrogeräte 191
Essenszeiten 183

F
Fähren 197 f, 204
Feiertage 202
Ferienhäuser 200
Flugverkehr 186, 197, 206
Flußdurchquerungen 194 f
Freundeskreise 191
Führerschein 188, 194

G
Geld 202 ff
Getränke 182, 189
Gletschertouren 198-200
Glíma 185
Golf 185

H
Hotels 177 f, 203, 208

I
Informationsmaterial 192

J
Jugendherbergen 179,

K
Kleidung 190 f
Konsulate 188
Küstenschiffahrt 197

L
Ladenöffnungszeiten 200
Landkarten 193
Lebensmittel 182

M
Medikamente 190 f
Mietwagen 193 f, 204
Museen 201

N
Nationalgerichte 181 f

P
Pauschalreisen 206
Personalausweis 188
Post 191, 201
Privatzimmer 200

R
Radio 202
Reisepaß 188
Reiten 185, 206
Restaurants 181

S
Schiffsverkehr 186
Schlafsacklager 179
Schutzhütten 178
Schwimmen 184 f
Schwimmbäder 201
Segelfliegen 185
Skilaufen 185, 206
Sommerhotels 177 f
Souvenirs 202
Speisekarte 183 f
Sprache 174 f
Sprachführer 175-177, 183 f, 196
Stadtrundfahrten 204
Straßenkarten 193
Straßenverhältnisse 194 f

T
Taxis 196
Telefon 201
Tourenpreise 204 f
Touristenhütten 178, 203
Tour-Unternehmen 198
Trampen 196
Trinkgeld 203

U
Übernachtungspreise 203
Urlaub auf dem Bauernhof 200

V
Verkehrsbestimmungen 195 f
Versicherung 188, 190

W
Wandern 184
Wechselkurs 203
Wegweiser 195
Wintersport 185

Z
Zeitungen (deutsche) 202
Zollbestimmungen 189

Bisher erschienene Goldstadt-Reiseführer

Ferienreiseführer

DEUTSCHLAND
Bayerischer Wald (2309)
Bodensee und Umgebung (2303)
Eifel (2308)
Harz (2305)
Kölner Bucht (2317)
 niederrhein. Bucht mit Börden,
 Vennvorland, Selfkant,
 Köln-Bonner Niederrheinebene
Niederrheinisches Tiefland (2316)
Oberpfalz (2310)
Odenwald (2313)
Rheinhessen (2315)
Rheinpfalz (2314)
Schleswig Holstein
 und Hamburg (2306)
Schwäbische Alb, Donautal (2304)
Schwarzwald Süd (2301)
Schwarzwald Nord (2302)
Spessart (2307)
Teutoburger Wald, Wiehengebirge
 Eggegebirge, westl. Lipp. Bergl.
 Wasserburgenfahrt (2311)
Weserbergland (2312)

EUROPA
Frankreich
Côte d'Azur (2070)
Côte Languedoc - Roussillon
 (2071)
Provence u. Camargue (2032)
Vogesen, Straßbg., Colmar (2023)
Griechenland
Kreta (2055)
Korfu (2054)
 Ausflüge zum Festland
Großbritannien
Wales (2057)
Irland (4042)
Island (4043)
Italien
Elba (2044)
Gardasee und Iseosee (2012)
Meran mit Ausflügen (2009)
Südtirol (2010)
Sizilien (2024)
Jugoslawien
Jugoslawische Adria (2027)
Malta Gozo, Comino (2046)
Niederlande (4216)
Österreich
Burgenland (2062)
Nord-Tirol (2007)
Kärnten (2060)
Salzburger Land, Salzkammergut
 (2061)
Steiermark (2063)

Portugal
Algarve und Lissabon (2011)
Azoren (6201)
Madeira (2045)
Schweiz
Berner Oberland (2050)
Graubünden (2048)
Tessin (2051)
Zentralschweiz (2049)
Skandinavien
Dänemark (4016)
Finnland (4040)
Lappland (4029)
Norwegen (4039)
Schweden (4033)
Spanien
Costa Brava (2002)
Costa Blanca (2020)
Costa del Sol
 Costa de la Luz (2019)
Gran Canaria (2036)
 Lanzarote, Fuerteventura
Südspanien (4200)
Teneriffa (2035)
 La Palma, Gomera, Hierro
Ungarn (2037)
Budapest u. Umgeb. Plattensee, Rundreisen durch Ungarn

AFRIKA
Algerien mit Sahara-Routen (4212)
Marokko (4030)
Tunesien (4021)
Ostafrika mit Nationalparks (6202)

AMERIKA USA (4207)
Stadtführer New York, Nationalparks, kunsthistorische Stätten

ASIEN
Malediven (6228)
Seychellen (6229)

Städtereiseführer
Amsterdam und Umgebung (2006)
Athen (2053) mit Piräus,
 Attika und Saronische Inseln
Hong Kong und Macau (4222)
London (2056) Ausflüge nach
 Canterbury, Cambridge, Oxfort,
 Eton, Hampton Court
Leningrad (4214)
Moskau (4213)
Paris (2008) mit Versailles,
 Rambouillet, Fontainebleau,
 Chartres, Compiegne
Rom und Umgebung (2026)

Studienreiseführer

EUROPA
Griechenland, Festl., Inseln (4218)
Portugal (4211)
Türkei mit Führer Istanbul (4217)

AMERIKA Bolivien (6219)
Chile (6241) mit Südargentinien,
 Feuerland und Osterinseln
Ecuador mit Galapagos (6243)
Kolumbien (6242)
Peru (6220)
Zentralamerika (6221), Belize, Costa
 Rica, El Salvador, Guatemala,
 Honduras, Nicaragua, Panamá.

ASIEN Birma (6235)
Himalaya (6210)
 Kaschmir, Ladakh, Kulutal, Nepal,
 Sikkim, Bhutan.
Hong Kong und Macau (4222)
Nordindien und Nepal (6209)
Südindien (6208)
Japan 1 (6224) Tokyo, Nara, Kyoto
Japan 2 (6223) Honshu,
 Kyushu, Shikoku, Hokkaido
Sri Lanka (6227)
Thailand (6206)

AUSTRALIEN (6231)

Sprachführer

Die einfache Hörsprache —
lesen und sofort richtig sprechen
Dr. Starks Taschendolmetsch®

1401 Französisch
1404 Griechisch
1407 Italienisch
1402 Englisch
1405 Serbokroatisch
1408 Türkisch
1403 Spanisch
1406 Portugiesisch
1409 Russisch

Wanderführer

Teneriffa (3451)

40 empfehlenswerte Spaziergänge
vom halbstündigen Küstenspaziergang bis zur ganztägigen Bergtour.
Busfahrplan. Einige Worte Spanisch.
Fotos, 1 Übersichtsskizze, 8 Routenskizzen, 96 Seiten.

REISE-NOTIZEN

REISE-NOTIZEN

REISE-NOTIZEN

REISE-NOTIZEN

REISE-NOTIZEN

REISE-NOTIZEN

REISE-NOTIZEN

REISE-NOTIZEN

REISE-NOTIZEN